MINISTÈRE DU COMMERCE DE L'INDUSTRIE
ET DES COLONIES

EXPOSITION UNIVERSELLE INTERNATIONALE DE 1889
À PARIS

RAPPORTS DU JURY INTERNATIONAL

PUBLIÉS SOUS LA DIRECTION

DE

M. ALFRED PICARD

INSPECTEUR GÉNÉRAL DES PONTS ET CHAUSSÉES, PRÉSIDENT DE SECTION AU CONSEIL D'ÉTAT

RAPPORTEUR GÉNÉRAL

Économie sociale. — Section VI

RAPPORT DE M. LOUIS FONTAINE

MEMBRE AGRÉGÉ DE L'INSTITUT DES ACTUAIRES FRANÇAIS

PARIS

IMPRIMERIE NATIONALE

M DCCC XCI

RAPPORT DE M. LOUIS FONTAINE

MINISTÈRE DU COMMERCE, DE L'INDUSTRIE
ET DES COLONIES

EXPOSITION UNIVERSELLE INTERNATIONALE DE 1889
À PARIS

RAPPORTS DU JURY INTERNATIONAL

PUBLIÉS SOUS LA DIRECTION

DE

M. ALFRED PICARD

INSPECTEUR GÉNÉRAL DES PONTS ET CHAUSSÉES, PRÉSIDENT DE SECTION AU CONSEIL D'ÉTAT

RAPPORTEUR GÉNÉRAL

Économie sociale. — Section VI

RAPPORT DE M. LOUIS FONTAINE

MEMBRE AGRÉGÉ DE L'INSTITUT DES ACTUAIRES FRANÇAIS

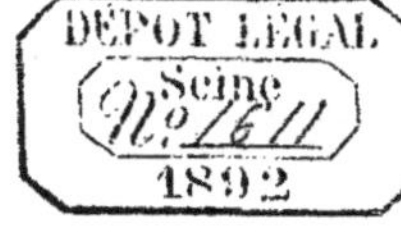

PARIS
IMPRIMERIE NATIONALE

M DCCC XCI

ÉCONOMIE SOCIALE.

SECTION VI.

CAISSES DE RETRAITES ET RENTES VIAGÈRES.

Le travailleur que la mort épargne ne conserve pas jusqu'à la fin de son existence la capacité de gagner un salaire suffisant à ses besoins. S'il n'a pas préparé, dans la période de validité, des ressources qui puissent remplacer, lorsque la vieillesse survient, le salaire supprimé, il est réduit à réclamer l'assistance de ses enfants, à faire appel à la charité des particuliers ou à demander dans un hospice une place disputée par de nombreux compétiteurs. Mais la compassion que le vieillard incapable de travailler et dénué de ressources, par défaveur de la fortune ou par suite de ses fautes, parvient à émouvoir, est rarement accompagnée des sentiments de respect dont l'hommage est réservé à la vieillesse indépendante. Il vaut mieux prévenir le mal que d'attendre, pour y remédier, qu'il se soit produit, et, s'il est bien de secourir le vieillard misérable, il est préférable de donner à l'homme valide le moyen de se garantir plus tard contre le dénûment résultant de la suppression du salaire, d'organiser l'*assurance contre la vieillesse.*

Tout le monde est d'accord sur le but à atteindre; mais, au sujet de la voie qu'il convient de suivre, les avis diffèrent. Faut-il fonder l'assurance contre la vieillesse sur l'aliénation, dès le moment du versement, des primes versées en vue d'une rente viagère différée, sur la réversion intégrale entre les survivants de la part des morts? Faut-il former le capital nécessaire au service des pensions de retraite à l'aide d'économies répétées pendant de longues années, augmentées seulement par la capitalisation des intérêts, réservées, en cas de prédécès de l'assuré, à sa veuve, à ses enfants, à ses héritiers même éloignés, et n'aliéner ce capital qu'au moment où l'assuré devient incapable de travailler? Le salarié qui n'a que des ressources viagères doit-il s'assurer à la fois contre la mort prématurée qui peut réduire à une condition misérable sa femme et ses enfants, et contre la vieillesse qui menace son propre bien-être?

Ce n'est pas en raison de l'adoption de tel ou tel système que le jury a décerné des récompenses aux institutions qui formaient la section VI, mais en raison des garanties qu'elles offrent à leur clientèle, à leurs membres, et en raison de l'application de tarifs scientifiquement calculés et de l'établissement d'inventaires périodiques qui peuvent seuls éclairer sur leur véritable situation les institutions de prévoyance, en général, et, en particulier, celles qui ont pour but d'assurer des rentes viagères, des pensions de retraites, et leur indiquer dans quel sens et dans quelle mesure il convient de modifier les engagements contractés.

Ce n'est pas plus en raison du système adopté par les diverses caisses ou sociétés de retraites que nous avons divisé le rapport concernant la section VI, mais d'après le caractère qu'elles présentent d'institution nationale, d'institutions patronales ou d'associations fonctionnant sous le même régime légal que les sociétés de secours mutuels.

CAISSE NATIONALE DES RETRAITES POUR LA VIEILLESSE.

La Caisse nationale des retraites a été créée par la loi du 18 juin 1850. La création de cette caisse avait été plus d'une fois proposée, sous des noms divers, par des mathématiciens, comme Duvillard, par des publicistes ou des philanthropes, comme M. Mourgue, membre du Conseil général des hospices civils de Paris, Olindes Rodrigues, M. Macquet, ancien agent de la Caisse des Invalides de la marine, M. Lambert, fondateur de l'Union fraternelle. Enfin, quelques jours avant les événements de 1848, le Gouvernement annonçait aux Chambres le prochain dépôt d'un projet de loi portant création d'une caisse de retraites. La Révolution l'empêcha de tenir sa promesse; mais la question ne cessa pas de préoccuper les esprits. Dès le 18 juin 1848, MM. Waldeck-Rousseau et Rouveure soumettaient à l'Assemblée constituante un projet de loi relatif à la création d'une caisse nationale de prévoyance. Un an plus tard, ce projet fut repris devant l'Assemblée législative par MM. Dufournel et Lestiboudois. Puis le Gouvernement présenta le 26 novembre 1849 un projet plus développé, dans lequel on proposait, afin de donner à l'institution à créer un large et rapide essor, d'allouer des primes de 25 francs aux 100,000 ouvriers de l'agriculture et de l'industrie, qui auraient, les premiers, réalisé pendant cinq ans un versement annuel de 15 francs au moins. Quelques membres de l'Assemblée, partisans des principes qui ont été depuis appliqués en Allemagne à l'assurance ouvrière en cas de maladie, en cas d'accidents et contre la vieillesse et les infirmités, demandaient que tout ouvrier, travaillant pour gagner sa vie comme simple salarié, fût affilié *obligatoirement* à la Caisse des retraites, et réclamaient la participation des patrons et les subventions de l'État.

Dans le rapport présenté au nom de la Commission de l'assistance et de la prévoyance publiques, M. Thiers combattit ces propositions.

Dans le cas de la retenue non obligatoire, l'ouvrier, agissant volontairement, place à une tontine dont le principe est que les survivants profitent de la part des morts. C'est une loterie sur la vie à laquelle il lui plaît de mettre. Les plus robustes finissent par être les plus riches. Mais quand on agit sans la volonté de l'ouvrier, malgré lui, en vertu d'une prévoyance dont il peut bien ne pas partager les vues, a-t-on le droit d'user de sa propriété, de la mettre dans un jeu où il perdra, gagnera peut-être? (p. 130.)

Lorsque la situation de ses affaires le lui permet, qu'un patron juste et généreux appelle ses ouvriers à partager ses bénéfices et affecte ce *sursalaire* à assurer leurs vieux jours contre la misère, c'est une manière d'agir dont il faut souhaiter le développement, sans chercher à l'imposer, sous peine d'aller contre le véritable intérêt de l'ouvrier.

Il est connu, en effet (rapport de M. Thiers, p. 132), de tous les hommes instruits en ces matières, que les maîtres, forcés par la concurrence de réduire leurs frais au strict nécessaire, ne sont pas libres d'augmenter le salaire à volonté; que si on leur demande par la retenue une subvention qui ne sera qu'une augmentation déguisée de salaire, ils seront contraints de reprendre sur le prix de la journée ce qu'on leur aura fait donner pour la Caisse des retraites. L'ouvrier pourra leur résister, dira-t-on. Oui, un jour d'émeute. Mais le maître violenté, forcé de payer plus qu'il ne peut, se retirera ou fera banqueroute, et l'ouvrier sera bien obligé d'aller offrir à un autre, et à tout prix, ses bras qu'il avait refusés la veille au prix naturel déterminé par la valeur générale des choses. Ce résultat se produira plus tôt ou plus tard, mais se produira infailliblement.

Au sujet des subventions, primes ou encouragements pécuniaires de l'État, on lit dans le même rapport, p. 142 :

Si l'État avait des trésors inconnus, inépuisables, si ces trésors n'étaient pas la bourse du pauvre lui-même, on comprendrait cette prétention, si excessive qu'elle puisse être; mais il faut répéter sans cesse que le riche, même en le surchargeant d'impôts au point de violer la propriété, le riche ne fournit qu'une infiniment petite partie du revenu public, parce que c'est la totalité des citoyens, laquelle comprend plus de pauvres que de riches, qui seule est productive; que dans tous ces systèmes, par conséquent, on prend à des pauvres pour donner à d'autres pauvres, avec mille chances de mal faire, de se tromper, d'ôter au pauvre prévoyant pour donner au pauvre imprévoyant, d'ôter au pauvre laborieux pour donner au pauvre paresseux, droit qu'on n'a pas, car, après tout, c'est le travail de chacun qui doit faire le sort de chacun, et non l'État, avec une distribution plus ou moins intelligente et équitable du bien de tous.

M. Thiers n'était pas éloigné d'abord de repousser le principe même d'une caisse de retraites. Mais il ne tarda pas à modérer son opposition première, et M. Benoist d'Azy put dire, dans son rapport du 18 février 1850 sur les projets de loi relatifs à la Caisse des retraites et aux sociétés de secours mutuels :

Un rapport récent, fait, au nom de la Commission de l'assistance, par un des membres les plus illustres de l'Assemblée, confirme ce que nous avons dit nous-même des sociétés de secours mutuels, et, s'il combat avec une grande énergie l'opinion qui tendrait à généraliser le système des retraites, en imposant une retenue obligatoire, il admet qu'une caisse de retraites telle que nous l'avons proposée, dans laquelle l'État ne joue qu'un rôle passif en prêtant sa garantie d'ordre et de durée, peut être un grand bien social, en permettant aux classes les plus pauvres de la société d'obtenir de leurs épargnes la plus grande part possible de bien-être à la fin de leur vie de travail.

Deux opinions contraires s'étaient manifestées au sujet de l'aliénation des sommes déposées à la Caisse des retraites, l'une suspectant la moralité de cette aliénation, l'autre en considérant l'utilité et constatant qu'il suffit, pour constituer les ressources nécessaires à l'entretien d'un vieillard, d'économies répétées avec persévérance pendant trente ou quarante ans, bien moins importantes et bien plus faciles à réaliser si elles sont accrues, non seulement par la capitalisation des intérêts, mais encore par la réversion sur les survivants des parts des prédécédés.

Sur ces deux sentiments, M. Benoist d'Azy s'exprime ainsi :

On a souvent répété que le dépôt pour s'assurer une retraite était un acte égoïste, contraire à l'esprit de famille et au principe de nos lois sur le partage des fruits de la communauté. La restitution du capital déposé a pour objet de répondre à ces accusations, peu sérieuses peut-être, et dont au moins les ouvriers tiennent en général peu de compte, beaucoup plus préoccupés de savoir si leurs parents seront à leur charge que de calculer le faible héritage qu'ils peuvent avoir à en espérer. D'un autre côté, on s'est élevé contre ce remboursement, dont l'effet est de diminuer la pension.

Il conclut :

Nous avons donc pensé que le plus naturel serait de laisser au déposant le choix, et que, suivant la déclaration faite au moment du dépôt, on appliquerait l'une des deux tables dressées, l'une avec prévision de la restitution, l'autre sans restitution.

L'Assemblée législative adopta ces conclusions, et la loi du 18 juin 1850 fut votée, dont voici les dispositions principales :

La Caisse des retraites pour la vieillesse est gérée par la Caisse des dépôts et consignations ; elle fonctionne sous la garantie de l'État et sous le contrôle d'une Commission supérieure instituée auprès du Ministère du commerce.

Elle constitue des rentes viagères dont le capital est formé par les versements volontaires des déposants, soit à capital aliéné, soit à capital réservé, c'est-à-dire avec clause de remboursement, sans intérêts, au décès du déposant.

Les versements doivent être de 5 francs au moins ou des multiples de 5 francs. Ils peuvent être reçus, au profit de toute personne âgée de plus de 3 ans, à la Caisse des dépôts et consignations et chez les trésoriers-payeurs généraux et les receveurs particuliers des finances.

Les versements opérés pendant le mariage par l'un des deux conjoints profitent, de droit, séparément à chacun d'eux pour moitié.

Les rentes sont déterminées d'après les tarifs tenant compte de l'intérêt composé à 5 p. o/o et des chances de mortalité, en raison de l'âge des déposants à l'époque du versement et de l'âge auquel commence la retraite, calculées d'après la table de Déparcieux.

Elles peuvent être constituées même par un versement unique ; elles sont payables par trimestre, incessibles et insaisissables de droit jusqu'à concurrence de 360 francs. Le maximum des rentes qui peuvent être inscrites sur la même tête est de 600 francs. L'entrée en jouissance peut être fixée, au choix du déposant, à un âge compris entre 50 et 60 ans. Les rentes viagères à constituer au profit des personnes qui ont dépassé 60 ans sont calculées d'après les tarifs déterminés pour cet âge.

Dans le cas de blessures graves ou d'infirmités prématurées, régulièrement constatées, entraînant l'incapacité absolue de travail, la rente pourra être liquidée même avant 50 ans, en proportion des versements précédemment effectués.

La Caisse emploie en achats de rente sur l'État toutes les sommes qu'elle reçoit.

Il est remis à chaque déposant un livret sur lequel sont inscrits les versements par lui effectués et les rentes correspondantes. Les rentes viagères liquidées par la Caisse des retraites sont inscrites sur le grand-livre de la Dette publique et payées par le Trésor. Tous les trois mois, la Caisse des retraites doit transférer à la Caisse d'amortissement, qui les annule, une quotité de rentes perpétuelles représentant, au cours moyen du trimestre, le prix des rentes inscrites pendant le trimestre, prix calculé d'après le tarif de la Caisse des retraites.

Les actes exclusivement relatifs à la Caisse des retraites pour la vieillesse sont dispensés des droits de timbre et d'enregistrement.

Plusieurs lois, depuis 1850, ont apporté à quelques-unes de ces dispositions des modifications qui sont résumées dans le tableau ci-dessous :

DISPOSITIONS SPÉCIALES à chaque loi.	LOIS								
	du 18 juin 1850.	du 28 mai 1853.	du 7 juillet 1856.	du 12 juin 1861.	du 4 mai 1864.	du 27 juillet 1870.	du 20 décembre 1872.	du 29 décembre 1882.	du 20 juillet 1886.
Minimum de versement.	5ᶠ (multiples de 5ᶠ.)	5ᶠ	5ᶠ	5ᶠ	5ᶠ	5ᶠ	5ᶠ	5ᶠ	1ᶠ
Maximum de versement annuel.	Pas de maximum.	2,000ᶠ	2,000ᶠ	3,000ᶠ	4,000ᶠ	4,000ᶠ	4,000ᶠ	4,000ᶠ	1,000ᶠ
Minimum de rente inscriptible.	"	5ᶠ	5ᶠ	5ᶠ	5ᶠ	3ᶠ	3ᶠ	3ᶠ	2ᶠ
Maximum de rente inscriptible.	600ᶠ	600ᶠ	750ᶠ	1,000ᶠ	1,500ᶠ	1,500ᶠ	1,500ᶠ	1,500ᶠ	1,200ᶠ
Entrée en jouissance de la rente.	de 50 à 60 ans.	Délai de deux ans entre le versement et l'entrée en jouissance. De 50 à 65 ans.	Abrogation de la disposition précédente. De 50 à 65 ans.	De 50 à 65 ans.	De 50 à 65 ans.	De 50 à 65 ans.	De 50 à 65 ans.	De 50 à 65 ans.	De 50 à 65 ans.
Taux d'intérêt du tarif.	5 p. o/o.	4 1/2 p. o/o.					5 p. o/o.	4 1/2 p. o/o	Variable. (4 p. o/o. Décret du 20 décembre 1886.)
Table de mortalité.	Table de Déparcieux.								Table déduite de l'expérience de la Caisse des retraites.

Parmi les lois successives concernant la Caisse des retraites, il en est une qui, pour ne modifier en rien les relations entre l'institution et les déposants (pour cette raison elle ne figure pas au tableau ci-dessus), ne laisse pas cependant que d'être importante : c'est la loi du 30 janvier 1884. Jusqu'alors la Caisse des retraites servait à l'amortissement de la dette publique, par la transformation des rentes perpétuelles en rentes viagères. En ce qui concerne le service des pensions de retraite, son rôle était achevé dès l'instant que la rente était inscrite au grand-livre de la Dette publique. La loi du 30 janvier 1884 a créé l'autonomie complète de la Caisse des retraites en la chargeant de faire face au payement des arrérages des rentes viagères, comme au remboursement, après décès, des sommes versées sous condition de réserve. Cette disposition est excellente : il en est résulté une rapidité plus grande dans la délivrance des titres de rentes viagères aux intéressés; elle permettra à l'institution d'étudier plus facilement les lois de la mortalité parmi ses clients. Mais, du même coup, la loi du 30 janvier 1884 a supprimé un mode d'amortissement qui fonctionne parfaitement en Angleterre et que regrettent des économistes compétents. Il était devenu, à la vérité, onéreux au Trésor. Ainsi, en 1879, pour l'inscription d'une rente viagère de 100 francs, sur une tête de 60 ans, la Caisse des retraites transférait à la Caisse d'amortissement, en représentation de la valeur de cette rente viagère, calculée d'après le tarif 5 p. o/o Déparcieux, soit 939 fr. 65, une rente perpétuelle du type 5 p. o/o, de 39 fr. 16. Si l'évaluation de la rente viagère à inscrire avait été faite au taux correspondant au cours moyen de la rente 5 p. o/o pendant l'année 1879, soit au taux de 4 1/8 p. o/o environ, le prix de l'annuité viagère de 100 francs à 60 ans serait ressorti à 1,003 fr. 15, valeur d'achat de 41 fr. 80 de rente 5 p. o/o. Il aurait suffi, pour mettre les choses au point, de rétablir la concordance entre le taux d'évaluation des rentes viagères à inscrire et le taux résultant du cours moyen, en Bourse, de la rente perpétuelle à transférer à l'amortissement.

Au surplus, la dotation attribuée à la Caisse des retraites, en représentation de la valeur des rentes viagères en cours à la date du 31 décembre 1883 et en compensation des pertes qu'elle avait pu subir antérieurement, a consisté en 11,032,125 francs de rente 3 p. o/o *amortissable*.

La loi du 20 juillet 1886 a été d'une portée trop considérable pour que nous n'entrions pas dans des explications plus détaillées que n'en comporte le tableau ci-dessus. Elle a consacré un vœu émis pour la première fois par la Commission supérieure, dans le rapport sur les opérations de la Caisse des retraites en 1868, et souvent répété depuis, de faire concourir les percepteurs et les receveurs des postes à la réception des versements à la Caisse des retraites, comme ils concourent, en exécution de la loi du 11 juillet 1868, à la réception des primes des caisses d'assurances en cas de décès et en cas d'accidents; elle a créé les *bulletins-retraites* afin de faciliter les économies les plus minimes; attribué à la Commission supérieure le pouvoir de bonifier les pensions liquidées par anticipation; décidé la publication et l'affichage, dans les bureaux des comptables directs du Trésor, les mairies, les écoles publiques, les bureaux de poste, d'une instruction pratique résumant les avantages et le fonctionnement de la Caisse nationale des retraites; élargi le champ des emplois de fonds de la Caisse, qui peuvent être faits. non seulement en rentes sur l'État, mais encore en valeurs garanties par le Trésor et en obligations départementales et communales.

Mais, de toutes les innovations introduites en 1886, la plus importante assurément est celle qui consacre ce principe, maintes fois formulé par l'administration, que *l'intérêt servant de base aux tarifs doit avoir pour régulateur celui que la Caisse peut elle-même se procurer par l'emploi des fonds déposés.* Que cette règle soit pour la Caisse nationale des retraites la condition essentielle de son équilibre financier, les faits le démontrent jusqu'à l'évidence : les fluctuations observées dans le montant des versements, les pertes considérables qui en sont résultées, rien de tout cela n'eût été possible, si les tarifs avaient eu, dès l'origine, la flexibilité qu'ils possèdent aujourd'hui, en vertu de l'article 12 de la loi du 20 juillet. Aux termes de cet article, les tarifs sont calculés sur un taux d'intérêt gradué par quart de franc, et, chaque année, un décret du Président de la République fixe, en tenant compte du taux moyen des placements de fonds, celui de ces tarifs qui doit être appliqué l'année suivante. (Extrait des réponses au questionnaire adressées au jury d'Économie sociale par la Direction générale de la Caisse des dépôts et consignations.)

En conséquence, depuis le 1er janvier 1887, le taux des tarifs de la Caisse des retraites a été abaissé à 4 p. o/o. La substitution, à partir du 1er janvier 1888, à la table de Déparcieux, d'une table de mortalité déduite de l'expérience même de la Caisse a complété l'ensemble des mesures destinées à maintenir l'égalité entre les versements qu'elle reçoit et la valeur des engagements qu'elle contracte.

Telles sont les conditions du fonctionnement de la Caisse des retraites. Voici maintenant les résultats obtenus :

Dans le cours d'une période de près de trente-huit années, du 11 mai 1851, date à laquelle les bureaux de la Caisse furent ouverts pour la première fois au public, jusqu'au 31 décembre 1888, la Caisse des retraites a reçu, à 787,039 comptes individuels, 12,330,744 versements s'élevant à 689,322,627 fr. 45. Ces versements, dont le tableau (A) ci-joint présente le développement, se subdivisent en plusieurs catégories.

Au point de vue de leur origine, on distingue : les versements *directs* ou *individuels* effectués spontanément par des déposants isolés; les versements par *intermédiaires* faits périodiquement par des mandataires verbaux, au nom de plusieurs sociétaires. en exécution des statuts de certaines associations spéciales; au nom de plusieurs employés, agents ou ouvriers, en vertu des règlements des administrations, sociétés commerciales, compagnies industrielles, ateliers auxquels ils appartiennent, versements provenant, soit de cotisations, soit de retenues sur les salaires, de libéralités patronales ou des deux sources à la fois; enfin les versements des sociétés de secours mutuels approuvées, par prélèvement sur leurs fonds de retraites institués par le décret du 26 avril 1856. Au point de vue des conditions auxquelles ils sont soumis, on les distingue en versements à *capital aliéné,* c'est-à-dire avec réversion sur les survivants des versements des décédés, et en versements à *capital réservé,* c'est-à-dire avec clause de remboursement au décès, sans intérêts, et réversion limitée aux intérêts accumulés.

TABLEAU A. CAISSE NATIONALE DES RETRAITES POUR

ANNÉES D'OPÉRATIONS.	VERSEMENTS DIRECTS OU INDIVIDUELS				VERSEMENTS PAR INTER	
	à capital aliéné.		à capital réservé.		à capital aliéné.	
	Nombres.	Sommes.	Nombres.	Sommes.	Nombres.	Sommes.
		fr. c.		fr. c.		fr. c.
Du 11 mai 1851 au 31 décembre 1853..........	15,612	16,768,398 33	9,544	21,440,989 65	25,444	548,479 00
1854..................	2,497	611,747 00	1,116	196,759 00	15,755	217,930 00
1855..................	2,439	643,085 00	1,174	164,061 00	12,706	181,952 00
1856..................	3,125	1,138,111 00	1,221	212,932 00	18,080	492,543 90
1857..................	3,649	1,517,241 40	1,299	210,210 25	18,427	384,948 00
1858..................	3,368	1,970,719 44	1,482	245,940 89	24,941	623,507 32
1859..................	3,632	2,028,677 01	1,532	289,048 27	36,138	587,821 46
1860..................	3,752	2,368,879 22	1,284	297,158 17	55,509	768,933 20
1861..................	4,627	3,695,808 21	865	206,897 71	94,580	1,036,762 58
1862..................	4,612	3,860,377 64	1,180	225,422 00	194,603	1,793,078 28
1863..................	6,215	2,777,540 55	1,277	205,067 74	225,084	2,030,314 56
1864..................	3,697	3,233,805 34	1,049	238,479 94	234,056	2,171,418 37
1865..................	4,591	3,582,583 00	156	240,773 01	233,530	2,286,294 38
1866..................	2,694	3,516,484 32	1,843	161,303 64	221,134	2,260,809 54
1867..................	3,344	3,863,689 95	1,166	202,997 97	229,356	2,347,099 45
1868..................	3,682	4,484,897 76	1,203	319,243 84	237,945	2,519,785 44
1869..................	4,054	4,669,539 96	1,027	440,467 19	232,872	2,659,770 90
1870..................	2,085	2,866,074 77	2,460	328,308 73	192,974	1,983,096 78
1871..................	1,526	1,238,165 45	452	104,433 00	198,135	2,442,534 76
1872..................	1,991	1,756,549 50	660	133,693 50	213,713	2,327,315 43
1873..................	2,680	2,442,577 76	772	160,022 50	232,851	2,543,286 80
1874..................	3,330	4,119,509 01	1,082	301,445 53	231,071	2,543,598 84
1875..................	4,135	5,730,324 69	1,313	470,481 81	239,229	2,741,839 96
1876..................	4,748	7,326,961 75	1,586	799,608 00	235,377	2,752,575 26
1877..................	4,931	7,479,400 87	2,013	1,251,627 82	251,284	2,925,497 23
1878..................	9,581	11,402,170 52	718	3,621,214 01	294,659	3,552,787 36
1879..................	10,771	14,536,524 79	6,381	13,873,161 20	280,276	3,506,740 11
1880..................	11,160	16,149,147 43	15,363	31,272,130 08	291,059	3,803,993 87
1881..................	11,499	15,680,888 57	19,997	39,336,658 31	311,499	4,432,403 75
1882..................	11,134	13,684,221 11	17,043	28,988,871 43	306,450	4,370,252 45
1883..................	10,566	12,067,663 08	9,417	13,282,978 12	306,465	4,062,635 20
1884..................	12,808	13,027,706 07	6,706	10,242,275 97	304,717	4,033,208 37
1885..................	12,197	13,981,821 28	8,272	11,963,148 81	307,600	4,021,367 46
1886..................	15,275	17,865,326 26	8,916	14,842,015 74	320,501	4,196,471 00
1887..................	12,612	5,220,414 69	5,410	2,423,129 15	340,635	3,655,706 26
1888..................	13,615	5,556,134 26	7,880	2,705,130 67	373,071	3,905,652 20
Totaux..........	232,234	232,863,166 99	144,859	201,398,086 65	7,341,726	86,712,411 47

LA VIEILLESSE. — RECETTES ANNUELLES.

MÉDIAIRES à capital réservé.		DES SOCIÉTÉS de secours mutuels approuvées, en exécution du décret du 26 avril 1856.		REVENUS des FONDS PLACÉS.	EXÉCUTION de LA LOI du 30 janvier 1884.	TOTAL.
Nombres.	Sommes.	Nombres.	Sommes.			
	fr. c.		fr. c.	fr. c.	fr. c.	fr. c.
16,564	464,247 00	//	//	1,679,324 00	//	40,901,437 98
14,202	557,365 00	//	//	903,053 00	//	2,486,854 00
14,688	454,450 00	//	//	916,428 50	//	2,359,976 50
20,696	890,754 49	//	//	972,035 50	//	3,706,376 89
31,910	764,364 40	46	48,463 00	1,071,819 00	//	3,997,046 05
36,239	894,719 22	15	14,897 00	1,126,718 50	//	4,876,502 37
42,487	914,835 90	65	63,981 00	1,244,254 00	//	5,128,617 64
47,787	948,717 82	63	92,299 00	1,334,180 00	//	5,810,167 41
58,588	1,017,347 65	95	110,887 00	1,459,566 00	//	7,527,269 15
63,858	1,235,893 98	141	205,053 00	1,631,045 50	//	8,950,870 40
69,293	1,291,716 82	167	241,752 00	1,761,631 00	//	8,308,022 67
41,006	1,259,226 79	177	279,976 00	1,871,159 50	//	9,054,065 94
65,483	1,738,646 72	296	420,164 00	2,120,149 50	//	10,388,610 61
58,488	1,688,163 00	345	398,689 96	2,329,909 25	//	10,355,359 71
63,666	1,798,737 30	437	578,507 00	2,621,610 00	//	11,412,641 67
66,405	1,928,295 45	544	822,048 00	2,878,220 75	//	12,952,491 24
92,490	2,418,486 00	568	832,932 00	3,210,968 75	//	14,232,164 80
59,601	2,075,171 84	468	689,090 00	3,418,690 25	//	11,360,432 37
63,202	2,962,419 68	539	771,892 00	3,739,237 25	//	11,258,682 14
109,502	2,633,005 85	1,322	1,961,333 00	4,196,580 50	//	13,008,477 78
142,478	3,029,846 65	1,165	1,516,834 00	4,614,342 50	//	14,306,910 21
140,973	3,096,581 12	1,438	1,874,686 00	5,013,634 75	//	16,949,455 25
148,315	3,170,962 00	1,559	2,162,933 00	5,307,186 25	//	19,583,727 71
156,597	3,238,326 50	1,622	2,005,423 00	5,815,232 25	//	21,938,126 76
166,365	3,465,441 00	1,807	2,302,919 00	6,476,367 25	//	23,901,253 17
182,465	3,378,568 45	1,736	2,525,863 00	7,028,585 75	//	31,509,189 09
195,743	4,082,789 75	2,316	3,091,465 00	7,676,037 50	//	46,766,718 35
215,686	4,724,629 50	2,825	3,361,626 00	9,047,222 00	//	68,358,748 88
225,569	4,917,223 85	2,627	3,667,466 00	10,720,414 75	//	78,755,055 23
237,552	5,376,075 25	2,992	4,024,521 00	12,210,847 50	//	68,654,788 74
254,276	5,288,233 00	3,079	4,713,737 00	12,916,130 00	//	52,331,376 40
270,045	5,422,065 00	3,162	5,011,455 00	22,516,844 55	286,326,664 95 / 1,317,887 90	347,898,107 81
279,739	5,550,333 00	3,601	5,314,294 00	26,357,833 14	1,000,000 00	68,188,797 69
285,232	6,381,148 00	3,660	5,927,553 00	27,237,429 17	//	76,449,943 17
314,132	5,614,855 12	3,839	6,611,169 00	28,801,643 51	//	52,326,917 73
314,316	5,738,687 28	3,571	6,292,724 00	28,539,698 80	//	52,738,027 21
4,565,638	100,412,330 38	46,287	67,936,631 96	260,766,030 42	288,644,552 85	1,238,733,210 72

Les versements directs présentent des variations singulières. Ils atteignent d'abord plus de 37 millions depuis le commencement de l'année 1852 jusqu'au 15 juin 1853, et les versements réservés dépassent sensiblement les versements aliénés. Ils subissent ensuite une réduction brusque, suivie d'un accroissement progressif et régulier de 1853 (deuxième semestre) à 1877, sauf la diminution occasionnée par les événements de 1870-1871. Dans cette période, les versements aliénés s'élèvent au total à 76.8 millions, les versements réservés à 7.3 millions seulement. De 1878 à 1881 ils progressent, par véritables bonds, de 15 millions à 55 millions, et, dans ces quatre années, la proportion des deux espèces de versements est changée : moins de 58 millions à capital aliéné, plus de 88 millions à capital réservé. Une diminution, sensible surtout pour les dépôts réservés, s'accuse de 1882 à 1884. Un relèvement appréciable apparaît en 1885 et 1886, puis une véritable chute en 1887. Depuis 1884 la proportion des deux espèces de versements tourne à l'avantage des versements à capital aliéné.

Les variations que présentent les versements directs ou individuels résultent de l'écart entre le taux des tarifs de la Caisse des retraites et l'intérêt moyen produit par les placements en rentes sur l'État ou en valeurs offrant la même sécurité, et des modifications apportées au maximum des versements annuels. Les déposants qui font ces versements apportent pour la plupart, en une seule fois, ou, lorsque le maximum annuel s'y oppose, en quelques années au plus, les économies réalisées au cours d'une existence laborieuse, pour obtenir une rente, le plus souvent immédiate ou très peu différée. Lorsque le taux du tarif en vigueur correspond ou est inférieur à celui des fonds publics, les versements individuels sont principalement opérés à capital aliéné, et constituent une véritable opération d'assurance contre la prolongation de l'existence. Mais lorsque l'intérêt servi par la Caisse est sensiblement supérieur au taux auquel on peut acheter des rentes sur l'État ou des obligations garanties par l'État, quelques petits capitalistes, — ce ne sont pas des millionnaires — préférant un placement avantageux à la libre disposition de leur modeste fortune, effectuent des versements à capital réservé et s'assurent ainsi contre la réduction de leurs revenus. A la vérité, la Caisse des retraites a été créée pour constituer des rentes viagères et non pas pour recevoir des placements. C'est pour la rétablir dans son véritable caractère que la loi du 20 juillet 1886 a prescrit les mesures rappelées ci-dessus.

En 1852, le décret du 18 mars autorisa les petits rentiers, menacés par la conversion du 5 p. o/o en 4 1/2 p. o/o, à transférer à la Caisse des retraites leurs inscriptions au pair, pour obtenir, en échange, des rentes viagères, jusqu'à concurrence du maximum de 600 francs. De 1853 à 1872 le taux du tarif étant fixé à 4 1/2 p. o/o, l'intérêt moyen des placements de fonds de la Caisse en rentes perpétuelles varie de 4.87 p. o/o en 1855, pour descendre à 4.21 p. o/o en 1869, et pour remonter à 5.68 p. o/o en 1871 et 5.85 p. o/o en 1872. De 1873 à 1882 le taux du tarif est 5 p. o/o ; le taux moyen des placements baisse de 5.53 p. o/o en 1873, à 4.69 p. o/o en 1877, puis à 4.10 p. o/o en 1879, et se relève légèrement à 4.33 p. o/o en 1882, année dont le début a été marqué par une crise financière, qui n'a pas manqué d'affecter les versements directs. A partir de 1883, le taux du tarif réduit à 4 1/2 p. o/o, puis à 4 p. o/o, n'offre plus qu'une différence minime avec le taux moyen des placements en rentes perpétuelles. Enfin, depuis le 1ᵉʳ janvier 1887, les versements sont limités à 1,000 francs par an. Ces faits expliquent les oscillations des versements directs.

Les versements par intermédiaires ne présentent pas de telles variations. Comme ils sont généralement réglementaires ou statutaires, qu'ils se composent de sommes modiques, répétées plusieurs fois chaque année, pendant une longue période, en vue d'assurer des rentes viagères différées, les modifications apportées au maximum annuel des dépôts ou au taux du tarif ne les affectent pas. Ils se sont développés régulièrement, en même temps que se répandaient les saines et justes notions sur les devoirs qui incombent aux patrons. Les versements aliénés de cette catégorie l'emportent sur les dépôts réservés jusqu'en 1869; c'est le contraire depuis 1870. Ce changement indique une modification dans les préoccupations des salariés, une tendance à préférer une rente viagère plus faible, afin de laisser, après leur mort, un petit patrimoine.

Dans la série des rapports présentés au chef de l'État par la Commission supérieure sur les opérations annuelles de la Caisse des retraites, depuis 1853 jusqu'à 1888, il n'y a peut-être pas, parmi les documents annexés, de tableau plus intéressant que celui des versements effectués par des intermédiaires ou donateurs. La liste des sociétés, des compagnies, des patrons, des philanthropes, qui aident aux progrès de l'institution, est, chaque année, plus longue. Nous avons résumé, dans le tableau (C) ci-après, les versements collectifs opérés jusqu'au 31 décembre 1888 au profit des groupes les plus importants ou par des patrons qui ont exposé dans la section VI de l'Économie sociale.

Il est curieux de remarquer l'importance considérable des versements à capital aliéné, en comparaison des dépôts à capital réservé, effectués au nom des cantonniers, des agents des manufactures de l'État et des gardes forestiers. Ces déposants appartiennent à des administrations dont les employés supérieurs, les fonctionnaires, sont soumis, pour la retraite, au régime de la loi du 9 juin 1853, qui a pour base la réversion au profit des survivants des retenues faites sur les traitements de ceux qui meurent avant d'avoir des droits acquis à la retraite.

Les versements de la troisième catégorie, les placements faits à la Caisse des retraites par les sociétés de secours mutuels approuvées, par prélèvement sur leurs fonds de retraites, ont augmenté progressivement, avec le nombre des membres réunissant les conditions exigées par les statuts pour obtenir une pension. Nous nous sommes étendu assez longuement, dans le rapport concernant la section V, sur le système des pensions des sociétés de secours mutuels, pour n'avoir pas besoin d'y revenir.

TABLEAU C.　　CAISSE NATIONALE DES RETRAITES POUR LA VIEILLESSE.

VERSEMENTS EFFECTUÉS PAR INTERMÉDIAIRES.

DÉSIGNATION DES INTERMÉDIAIRES.	VERSEMENTS À CAPITAL ALIÉNÉ.		VERSEMENTS À CAPITAL RÉSERVÉ.		TOTAL DES VERSEMENTS.	
	NOMBRES.	SOMMES.	NOMBRES.	SOMMES.	NOMBRES.	SOMMES.
		francs.		francs.		francs.
Chemins de fer { du Nord....	132,129	3,927,897	1,566,095	13,214,849	1,698,224	17,142,746
de l'Ouest...	690,158	9,657,426	1,549,001	16,338,776	2,239,159	25,996,202
d'Orléans...	31,501	3,103,996	384,348	50,949,032	415,849	54,053,028
de Lyon....	14,105	361,045	158,236	2,197,515	172,341	2,558,560
de Ceinture.	122	5,358	30,722	826,888	30,844	832,246
du Midi....	47,980	2,056,321	273,934	3,824,012	321,914	5,880,333
de l'Est-Algérien.....	657	10,136	3,624	50,080	4,291	60,216
de l'État....	3,927	67,287	51,302	750,937	55,229	818,224
Employés du chemin de fer de Ceinture......	"	"	573	5,577	573	5,577
Usines du Creusot.....	449,172	5,101,009	16,636	282,844	465,808	5,383,853
Manufacture des glaces de Saint-Gobain.......	49,182	1,112,548	94,833	1,743,821	144,015	2,856,369
Compagnie générale des omnibus..........	176,740	1,975,984	28,705	229,828	205,445	2,205,812
La Belle-Jardinière (Maison de)..........	278	50,020	6,913	494,502	7,191	544,522
Grands magasins du Louvre.............	1	200	2,236	1,172,000	2,237	1,172,200
MM. Baille-Lemaire, fabricants de jumelles..	1,665	41,887	6,862	132,088	8,527	173,975
MM. Chaix et Cie, imprimeurs-éditeurs......	697	57,614	7,018	197,249	7,715	254,863
MM. Hachette et Cie, libraires-éditeurs......	76	10,925	3,963	196,901	4,039	207,826
MM. Redouly et Cie, entrepreneurs de peinture.	220	9,940	"	"	220	9,940
MM. Simon et Cie, tailleurs	5	1,420	73	6,382	78	7,802
M. Pinet, fabricant de chaussures........	56	2,839	3,204	154,083	3,260	156,922
Imprimerie Mame, à Tours.............	605	11,790	4,439	116,320	5,044	128,110
Imprimerie Berger-Levrault...........	627	19,092	"	"	627	19,092
Compagnie des mines d'Anzin..........	79,161	279,058	280	892	79,441	279,950
Compagnie des mines de Vicoigne..........	31,429	205,415	29	62	31,458	205,477
Caisse de retraites des ouvriers en soie de Lyon.	203,914	3,961,324	9,294	173,225	213,208	4,134,549
Cantonniers..........	3,595,714	31,750,656	135,011	1,273,400	3,730,725	33,024,056
Agents des manufactures de l'État..........	1,107,962	11,871,224	108,677	1,473,865	1,216,639	13,345,089
Gardes forestiers.......	345,929	3,093,166	222	2,499	346,151	3,095,665
Employés des lignes télégraphiques........	179	1,560	48,439	423,138	48,618	424,698
Caisses d'épargne de Paris et des départements..	1,022	467,176	1,289	509,309	2,301	976,485
Caisse d'épargne postale.	64	47,618	154	81,193	218	128,811
Divers..............	376,449	7,450,480	69,526	3,591,063	445,975	11,041,543
TOTAUX........	7,341,726	86,712,411	4,565,638	100,412,330	11,907,364	187,124,741

Les recettes de la Caisse des retraites, y compris les revenus des fonds placés, la dotation attribuée par la loi du 30 janvier 1884 et les sommes payées pour règlement de compte entre le Trésor et la Caisse, en exécution de cette loi, se sont élevées, de 1851 au 31 décembre 1888, à 1,238,733,210 fr. 72. Dans la même période, les dépenses, dont le tableau (B) ci-après donne le détail, ont atteint 519,446,482 fr. 47. Pour faire apparaître dans leur complet développement les résultats des contrats passés avec la Caisse des retraites, il est nécessaire de rappeler que le Trésor a payé, jusqu'à la fin de l'année 1883, 197,146,549 fr. 11 d'arrérages de rentes viagères.

L'excédent des recettes sur les dépenses était représenté au 31 décembre 1888 par :

Titres de rente 4 1/2 p. o/o 1883 rapportant.	9,585,182^f ayant coûté	230,686,941^f 78^c
— 3 p. o/o.................	4,773,589	—	125,497,104 94
— 3 p. o/o amortissable........	10,725,180	—	278,405,145 00
Obligations { à long terme............	1,312,000	—	32,800,000 00
du Trésor { à court terme..........	120,000	—	3,009,000 00
Obligations Est nouvelles..............	55,129^f 95 —		1,500,701 10
Solde du compte courant avec le Trésor public.................			47,387,835 43
TOTAL.........................			719,286,728 25

La Direction générale de la Caisse des dépôts et consignations avait exposé dans le pavillon de l'Économie sociale une série, aussi complète qu'élégante, de tables numériques, de tableaux graphiques, de diagrammes et de cartogrammes indiquant : — le nombre, le montant et la moyenne des versements aliénés et réservés reçus chaque année par la Caisse des retraites ; — le nombre et le montant des rentes délivrées chaque année et des rentes en cours de payement en fin d'année ; — l'importance comparée, par jouissance, des rentes éventuelles et des rentes inscrites ; par année de payement, des remboursements de capitaux réservés réellement effectués et des remboursements calculés d'après les chances de mortalité ; — le nombre, le montant et la moyenne des versements effectués dans chaque département de 1851 à 1888 ; — le nombre des rentiers, le montant et la moyenne des rentes existant dans chaque département au 31 décembre 1888, etc.

Elle avait exposé, en outre, ce qu'on pourrait appeler « l'outillage de l'institution » que la loi l'a chargée de gérer : les modèles du livret remis à chaque déposant et du titre sur la présentation duquel sont payés les arrérages des rentes viagères ; la collection des tarifs publiés jusqu'à ce jour et des barèmes calculés d'après ces tarifs, afin d'en rendre l'emploi plus facile et plus rapide ; la série complète des imprimés en usage dans chaque bureau.

L'examen de ces imprimés et les explications verbales données par M. Labeyrie, directeur général de la Caisse des dépôts, et par M. Jac, sous-directeur, chargé de la Caisse des retraites et des Caisses d'assurances, ont permis au jury de pénétrer dans la

TABLEAU B. CAISSE NATIONALE DES RETRAITES POUR

ANNÉES D'OPÉRATIONS.	REMBOURSEMENTS					
	DES CAPITAUX RÉSERVÉS				DES VERSEMENTS	
	AUX AYANTS DROIT des déposants.		AUX FONDS DE RETRAITE des sociétés de secours mutuels approuvées.		À CAPITAL ALIÉNÉ.	
	Nombres.	Sommes.	Nombres.	Sommes.	Nombres.	Sommes.
		fr. c.		fr. c.		fr. c.
Du 11 mai 1851 au 31 décembre 1853	100	489,405 50	//	//	679	88,238 75
1854	157	638,487 36	//	//	72	23,566 55
1855	205	721,628 50	//	//	23	7,480 15
1856	206	588,236 18	//	//	40	22,167 80
1857	246	663,233 69	1	1,993 00	43	10,407 55
1858	267	651,205 21	2	1,219 00	36	10,350 30
1859	305	724,023 40	6	5,761 00	42	24,344 25
1860	396	787,307 24	11	11,302 00	61	12,041 20
1861	361	791,678 81	12	15,644 00	72	3,911 50
1862	379	618,027 52	16	21,068 00	119	9,283 48
1863	445	668,730 80	31	40,662 00	55	4,323 58
1864	438	867,816 66	44	49,892 00	42	5,077 35
1865	534	772,506 43	54	95,023 00	57	10,164 00
1866	590	821,896 41	62	85,024 00	59	10,361 20
1867	627	880,818 25	107	138,810 96	65	19,965 81
1868	662	837,335 63	126	185,252 00	61	26,909 35
1869	712	958,565 92	143	190,463 00	75	10,484 03
1870	647	823,899 69	137	193,922 00	60	26,740 13
1871	790	934,409 75	214	338,812 00	19	328 80
1872	1,155	1,067,522 13	314	433,361 00	52	2,220 91
1873	1,115	1,017,160 82	359	540,703 00	5,240	764,692 58
1874	1,060	903,176 30	451	676,331 00	981	99,141 15
1875	1,077	1,183,852 59	502	710,336 00	143	36,781 82
1876	1,157	1,052,995 52	595	916,982 00	125	49,589 62
1877	1,314	976,352 00	617	911,377 00	159	36,069 42
1878	1,327	1,122,519 11	733	1,043,221 00	135	26,278 57
1879	1,406	1,311,053 53	860	1,243,724 00	163	71,865 32
1880	1,620	1,628,136 80	945	1,359,950 00	267	25,666 13
1881	1,788	2,660,300 39	1,113	1,603,815 00	197	53,980 23
1882	2,296	3,962,006 98	1,089	1,710,573 00	185	53,223 16
1883	2,525	5,107,140 08	1,238	1,866,763 00	171	47,444 48
1884	2,812	5,419,791 10	1,391	2,141,149 00	177	42,821 15
1885	3,207	6,334,088 29	1,494	2,293,197 00	169	38,667 48
1886	3,214	7,064,789 79	1,608	2,624,055 00	150	44,112 05
1887	3,523	7,494,361 40	1,819	2,988,295 00	141	71,322 46
1888	3,711	7,991,954 15	1,985	3,298,643 00	156	34,984 96
TOTAUX	42,374	70,636,413 93	18,079	27,737,322 96	10,291	1,825,007 27

LA VIEILLESSE. — DÉPENSES ANNUELLES.

IRRÉGULIERS EFFECTUÉS à capital réservé.		TRANSFERTS à LA CAISSE d'amortissement.	PAYEMENTS D'ARRÉRAGES de rentes viagères.	TOTAL.	MONTANT des RENTES VIAGÈRES inscrites.
Nombres.	Sommes.				
	fr. c.	fr. c.	fr. c.	fr. c.	francs.
561	57,453 75	13,722,595 16	"	14,357,693 16	1,464,482
85	6,338 05	6,824,079 82	"	7,492,471 78	676,670
84	7,255 75	670,782 13	"	1,407,146 53	58,461
56	6,667 25	1,148,045 83	"	1,765,117 06	103,934
283	5,330 00	1,777,229 71	"	2,458,193 95	172,808
47	1,845 90	2,318,019 14	"	2,982,639 55	227,754
38	3,246 35	2,639,433 85	"	3,396,808 85	263,833
82	4,209 87	2,671,984 08	"	3,486,844 39	271,400
76	8,316 16	3,063,328 77	"	3,882,879 24	314,979
64	8,363 11	4,301,141 14	"	4,957,883 25	447,111
77	5,502 24	3,995,739 26	"	4,714,957 88	409,863
56	4,656 60	3,573,764 46	"	4,501,207 07	367,278
73	6,174 35	4,038,916 65	"	4,922,784 43	422,953
117	9,694 65	4,592,132 69	"	5,519,108 95	480,778-
134	10,701 80	4,839,698 37	"	5,889,995 19	508,254
117	15,566 47	5,271,203 89	"	6,336,267 34	558,695
78	5,722 90	5,838,152 19	"	7,003,388 04	616,614
117	15,537 72	5,413,091 11	"	6,473,190 65	564,900
75	45,647 85	3,313,455 90	"	4,732,654 30	320,670
121	34,250 00	4,746,553 57	"	6,283,907 61	489,971
133	16,963 25	5,465,931 13	"	7,805,450 78	583,824
126	24,695 94	6,346,286 15	"	8,049,630 54	701,514
94	24,373 54	7,580,166 94	"	9,535,510 89	843,777
97	34,305 21	9,678,470 92	"	11,732,343 27	1,071,903
131	27,978 02	10,855,738 50	"	12,807,514 94	1,203,111
104	29,174 69	13,520,912 36	"	15,742,105 73	1,493,744
136	44,740 04	19,935,685 56	"	22,607,068 45	2,207,411
308	84,178 27	25,854,339 21	"	28,952,270 41	2,924,257
111	105,218 83	35,902,655 29	"	40,325,969 74	4,039,116
201	103,129 10	35,852,852 84	"	41,681,785 08	3,989,823
130	103,118 77	30,574,278 33	"	37,698,744 66	3,321,319
119	60,689 01	"	21,774,095 81	29,438,546 07	2,915,092
162	85,077 21	"	25,013,557 95	33,764,587 93	2,885,090
164	128,565 36	"	26,859,759 02	36,721,281 22	3,262,869
151	165,989 97	"	28,657,077 26	39,377,046 09	2,831,458
131	108,156 96	"	29,207,748 38	40,641,487 45	1,909,391
4,639	1,408,834 94	286,326,664 95	131,512,238 42	519,446,482 47	44,925,107

vie intime de la Caisse des retraites et de constater que toute l'organisation intérieure, fondée sur le système de la division du travail, tendait à l'expédition rapide et sûre des affaires, et à la solution d'un problème souvent agité : un personnel restreint, travaillant beaucoup et relativement bien rétribué.

Parmi les imprimés dont nous avons parlé plus haut, il y en a un par bureau qui sert à noter chaque jour le nombre des opérations de diverse nature effectuées par chaque employé. Ce nombre, multiplié par des coefficients inversement proportionnels aux quantités de chaque espèce d'opérations qu'on peut exécuter dans un même laps de temps, donne la mesure exacte du labeur quotidien de l'employé. Cette évaluation rigoureuse entretient l'émulation du personnel. De plus, une partie des opérations est exécutée en séances supplémentaires, avec rétribution spéciale. Les employés qui justifient d'une quantité et d'une qualité de travail satisfaisantes sont seuls admis à ces séances supplémentaires.

L'exposition de la Caisse nationale des retraites présentait encore à l'étude du public différentes publications concernant l'institution, et enfin la table de mortalité qui a été substituée, dans le calcul des tarifs, à la table de Déparcieux, en exécution de la loi du 20 juillet 1886 (art. 9, § 3) et en vertu du décret du 21 décembre 1887 (art. 1ᵉʳ).

Cette table est déduite des faits observés :

1° Pendant vingt-sept années parmi 72,649 rentiers qui sont entrés en jouissance de leurs rentes viagères depuis l'origine de l'institution jusqu'au 31 décembre 1878;

2° Pendant neuf ans et demi, du 1ᵉʳ juillet 1871 au 31 décembre 1880, parmi 164,698 déposants à capital réservé.

Le dénombrement des vivants et des décédés à chaque âge, la correction du nombre des vivants à l'âge d'entrée dans l'expérience et à l'âge de sortie ont été effectués d'après une méthode analogue à la méthode suivie dans la détermination de la table des vingt compagnies anglaises. La table des survivants à chaque âge est le résultat d'un double ajustement calculé d'après la formule de M. Woolhouse.

Le nombre des années d'existence observées parmi les rentiers a d'abord été arrêté à 525,803; le nombre des décès, à 20,371. Ils ont été ramenés finalement à 468,126 et à 19,445, par suite de l'élimination des observations recueillies pendant l'année même d'entrée en jouissance des rentiers. Ces observations sont entachées d'une erreur systématique qui a pour effet de distraire de l'expérience quelques décès et de réduire le taux annuel de mortalité, principalement à 50, 55, 60 et 65 ans, âges auxquels les entrées en jouissance sont les plus nombreuses.

Le nombre des décès observés parmi les déposants à capital réservé est 12,341; le nombre des années d'existence, qui s'élevait d'abord à 1,014,079, a été réduit à 939,396 par suite de l'élimination d'une partie des observations faites parmi les déposants dont les versements à capital réservé sont peu importants et dont l'existence a cessé, à un moment donné, d'être manifestée par des opérations périodiques.

Le nombre des années d'existence observées aux différents âges s'élève, au total, à 1,407,522 et le nombre des décès à 31,786 [1].

<hr>

[1] *Bulletin de statistique et de législation comparée*, septembre 1888, p. 287. La table de mortalité de la Caisse nationale des retraites a été publiée également dans la *Revue des institutions de prévoyance*, mars 1889.

La table déduite des observations de la Caisse nationale des retraites indique une mortalité plus lente que la table de Déparcieux; les constatations de la situation financière annuelle faisaient prévoir ce résultat. Elle affecte, dans son ensemble, une allure parallèle à celle de la table des vingt compagnies anglaises.

La publication des deux tables A. F. et R. F., exposées en 1889 dans la section VII de l'Économie sociale par les quatre compagnies du Comité (*Assurances générales, Union, Nationale* et *Phénix*), consolide singulièrement l'expérience de la Caisse des retraites. La mortalité, d'après la table de la Caisse, est généralement un peu plus rapide que la mortalité d'après la table R. F. (rentiers français) et un peu plus lente que la mortalité d'après la table A. F. (assurés français).

ÂGES.	PROBABILITÉ ANNUELLE DE DÉCÈS D'APRÈS LES TABLES				
	R. F.	de LA CAISSE des retraites.	A. F.	des 20 compagnies H^{m.} F.	de DÉPARCIEUX.
3 ans	//	0,007.150	//	//	0,030.00
10 ans	//	0,002.627	0,003.564	0,004.420	0,009.09
15 ans	0,005.13	0,005.148	0,005.054	0,004.040	0,007.08
20 ans	0,007.48	0,007.563	0,007.247	0,006.495	0,009.83
25 ans	0,007.21	0,007.400	0,006.573	0,007.002	0,010.34
30 ans	0,006.58	0,007.134	0,006.770	0,008.064	0,010.90
35 ans	0,006.80	0,007.496	0,008.129	0,008.996	0,011.53
40 ans	0,007.90	0,008.654	0,009.952	0,010.501	0,010.65
45 ans	0,009.77	0,010.198	0,012.281	0,012.321	0,011.25
50 ans	0,012.68	0,014.114	0,016.319	0,015.778	0,017.21
55 ans	0,016.76	0,019.424	0,022.088	0,020.655	0,022.81
60 ans	0,022.31	0,026.077	0,032.945	0,028.729	0,028.08
65 ans	0,032.10	0,037.330	0,046.470	0,042.331	0,037.97
70 ans	0,051.69	0,057.193	0,069.537	0,060.956	0,061.29
75 ans	0,080.93	0,089.048	0,104.275	0,097.988	0,090.05
80 ans	0,128.60	0,135.452	0,141.850	0,138.682	0,144.07
85 ans	0,189.51	0,200.237	0,163.393	0,202.666	0,208.33
90 ans	0,272.62	0,267.138	0,280.921	0,277.778	0,363.64
95 ans	0,302.08	0,333.333	0,382.725	0,364.407	//

On n'achète une rente viagère que lorsqu'on se sent en bonne santé et qu'on se croit assuré d'une longue existence. Aussi n'est-il pas étonnant de constater parmi les rentiers viagers des compagnies d'assurances une mortalité lente. L'examen médical, préalable à tout contrat d'assurance en cas de décès, tend à éliminer les proposants qui présentent des chances de mortalité rapide. Mais les résiliations ont pour effet de faire sortir de l'expérience les assurés qui sont restés en état de bonne santé, tandis que les assurés dont la vitalité a diminué maintiennent leurs contrats, de telle sorte qu'on est amené à constater parmi les assurés en cas de décès une mortalité accélérée.

Parmi les déposants à la Caisse des retraites, qui, pour la plupart, effectuent leurs versements en vertu des règlements des compagnies industrielles et commerciales, des administrations publiques ou privées auxquelles ils appartiennent, il n'y a pas de sélection, ni dans un sens ni dans l'autre, et il est naturel de constater une mortalité moyenne.

Les travaux considérables nécessités par l'établissement de la table de mortalité ont été commencés en 1880 et terminés en avril 1886, quelques mois avant le vote de la loi du 20 juillet. Ces dates sont intéressantes à signaler.

La constante préoccupation de l'administration chargée de gérer la Caisse des retraites a été d'établir ses contrats sur des tarifs calculés de manière à faire profiter les déposants de tous les produits de la mortalité et de l'accumulation des intérêts, mais sans imposer à l'État d'autre charge que les frais de gestion.

Dès 1875, lorsque le revenu des placements en rentes sur l'État a fléchi au-dessous de 5 p. o/o, elle a commencé à signaler la nécessité d'abaisser le taux des tarifs. Il n'a pas dépendu de l'Administration de la Caisse des retraites d'entreprendre avant 1880 la rectification de l'autre élément des tarifs, de la table de mortalité. Il a été possible de comprendre dans l'expérience tous les rentiers de la vieillesse inscrits au grand-livre de la Dette publique depuis 1851 ; mais l'incendie des archives de la Caisse, en mai 1871, n'a pas permis de faire remonter au delà de cette triste date l'origine de l'expérience concernant les déposants à capital réservé, et il a bien fallu attendre que les observations fussent assez nombreuses pour établir sur des bases suffisamment larges la loi que suit la mortalité parmi les déposants à la Caisse des retraites. C'est surtout l'organisation intérieure de la Caisse des retraites et l'importance des documents exposés par la Direction générale de la Caisse des dépôts et consignations, dans un ordre méthodique et avec une sobre élégance, qui témoignaient des soins apportés à cette exposition par l'éminent directeur général, M. LABEYRIE, que le jury d'Économie sociale a voulu récompenser en décernant un grand prix à la CAISSE DES RETRAITES, et quatre médailles d'or de collaborateurs à MM. JAC, BONNEFONT, CORRÉARD et FONTAINE.

INSTITUTIONS PATRONALES.

Le patron, vraiment digne de ce titre paternel, ne croit pas qu'il a rempli toutes les obligations que sa condition sociale lui impose, lorsqu'il a payé à l'employé ou à l'ouvrier le salaire stipulé. Il constate que des éventualités fâcheuses, la maladie, la mort prématurée, la vieillesse, menacent le salarié et sa famille ; que l'employé, l'ouvrier, trop souvent imprévoyants, ne s'assurent pas contre la réalisation de ces risques, et il songe qu'il a, lui patron, un large devoir à remplir, qu'il doit guider le salarié dans le chemin de la prévoyance, l'y pousser avec autant de vigueur que de discrétion, enfin l'y aider, si l'état de ses affaires est assez prospère pour qu'il puisse distribuer, outre les salaires stipulés, des gratifications, des parts de bénéfices. Le nombre augmente, chaque jour, des patrons, individuels ou collectifs, qui comprennent leur devoir élargi — et aussi leur intérêt bien entendu. — Car l'accomplissement de ce devoir tend à apaiser la querelle entre le capital et le travail, apaisement où le patron trouvera son compte, aussi bien que le travailleur.

L'organisation de l'assurance contre la vieillesse, au profit du personnel qu'ils emploient, n'est pas la moins grave préoccupation de ces patrons philanthropes. On en trouvera surtout la preuve dans le rapport présenté par M. Cheysson sur la section XIV. Bien que les caisses patronales de prévoyance et de retraite ne figurent dans la section VI qu'en nombre restreint, en comparaison des institutions existantes, elles présentent toutes les variétés, en ce qui concerne :

L'origine des sommes consacrées à la prévoyance; elles proviennent tantôt de retenues sur le salaire, tantôt de subventions patronales ou des deux sources à la fois;

La nature et l'étendue de l'assurance; elle est limitée, le plus souvent, à l'assurance contre la vieillesse; trop rarement l'assurance contre le décès prématuré y est adjointe;

Le principe même sur lequel repose l'assurance contre la vieillesse; dans quelques caisses, le principe est celui de la tontine pure, et les primes ou cotisations versées au nom des prédécédés profitent aux survivants; dans d'autres, c'est le principe du *patrimoine,* c'est-à-dire de la capitalisation de l'épargne avec attribution de l'avoir inscrit au compte du participant : à ses héritiers, s'il meurt prématurément; à lui-même, sous forme de rente viagère ou sous forme d'usufruit, la nue propriété étant réservée à ses héritiers, s'il arrive à l'âge de la retraite;

La gestion des fonds; quelques patrons se chargent de les gérer, d'autres en confient le soin aux intéressés eux-mêmes, d'autres enfin, ce ne sont pas les moins sages, versent périodiquement à la Caisse nationale des retraites les sommes consacrées à assurer leur personnel contre la vieillesse.

Ces différentes organisations seront étudiées à mesure que nous passerons en revue quelques-unes des institutions qui figurent dans la section VI.

Il convient de faire une place à part aux caisses de prévoyance des compagnies d'assurances. M. de Courcy, le regretté administrateur de la *Compagnie d'Assurances générales,* a exposé dans de nombreuses publications les principes sur lesquels elles sont fondées, et s'est généreusement dépensé à en développer l'application.

La CAISSE DE PRÉVOYANCE DES EMPLOYÉS ET GENS DE SERVICE DE LA COMPAGNIE D'ASSURANCES GÉNÉRALES a été fondée par une délibération de l'assemblée des actionnaires du 29 avril 1850, sous le titre primitif de Caisse des pensions, dans le but d'assurer des retraites aux employés vieillis au service de la Compagnie.

Avant cette époque, la Compagnie était dans l'usage de prélever tous les ans, sur ses bénéfices, une somme qui était distribuée en gratifications au personnel, sans règle précise, suivant le mérite de chacun. Beaucoup d'employés ne tardaient pas à dépenser ce supplément annuel de salaire; les uns le consacraient à subvenir à des besoins réels; les autres le gaspillaient en plaisirs. En 1850, il fut décidé que désormais une somme égale au vingtième des bénéfices nets répartis aux actionnaires serait versée chaque année à la Caisse des pensions; qu'il serait ouvert au nom de chaque employé participant un compte individuel; que la dotation annuelle serait distribuée entre les comptes individuels au prorata des traitements respectifs reçus dans l'année par chaque employé; que la Compagnie bonifierait à tous les comptes individuels un intérêt de 4 p. o/o; que les sommes inscrites au livret d'un employé démissionnaire, congédié ou décédé, avant d'avoir acquis le droit à la pension, c'est-à-dire avant vingt-cinq ans de service ou 65 ans d'âge, seraient réparties entre les livrets des employés restés participants; qu'enfin la somme portée au compte de l'employé admis à la retraite servirait, soit à acheter à son profit une rente viagère en raison de son âge, d'après les tarifs de la Compagnie, soit à lui constituer un revenu de 4 p. o/o, avec réserve du capital à ses héritiers.

C'était, en ce qui concerne la formation du capital de la pension, une tontine, organisée, à la vérité, avec autant de prudence que de correction, et de manière à faire bientôt apparaître le vice fondamental de toute tontine. Au surplus, nous ne saurions mieux faire que de reproduire la note publiée par la *Compagnie d'Assurances générales*, en vue de l'exposition d'Économie sociale, en supprimant ce qui a trait à la comparaison du règlement de la Compagnie avec la loi du 9 juin 1853 sur les pensions civiles.

Les administrateurs de la *Compagnie d'Assurances générales*, dans leur expérience financière et dans le sentiment de leur responsabilité, furent pénétrés de trois idées dont la justesse est frappante :

L'une est que les ressources d'une caisse de prévoyance, destinée à servir des pensions de retraite, doivent, de quelque part qu'elles viennent, être entreposées et gardées en réserve pour faire face au service des pensions, et non point être dépensées à l'avance.

La seconde idée juste est qu'une pension de retraite n'étant pas autre chose qu'une rente viagère, sa valeur, une fois que le chiffre de la pension a été déterminé, est dans la dépendance de *l'âge du rentier et du taux de l'intérêt*. Cette valeur peut être assignée et déterminée exactement par les tarifs des compagnies d'assurances sur la vie.

Une troisième idée juste fut de reconnaître qu'une société rendant des comptes annuels à ses actionnaires, la rémunération du travail des employés pendant l'année inventoriée est une charge de cette même année. Cela est aussi vrai de la rémunération mise en réserve pour les prévisions de l'avenir que de celle qui est effectivement déboursée. On n'a pas le droit de faire payer aux actionnaires futurs la rémunération du travail de l'heure présente, dont profitent les actionnaires actuels. Là où des retenues sont exercées sur les traitements, ce sont donc les traitements bruts, non les traitements nets, qui doivent être mis à la charge de l'exercice courant. Les retenues ne sont pas une recette disponible : elles sont la chose d'autrui, la chose des employés. Il est indispensable de les entreposer. Si, en outre, la Société promet à ses employés de leur allouer, en pensions de retraite, plus que les retenues, il est nécessaire qu'elle apprécie chaque année, aussi exactement que possible, la valeur de cet engagement supplémentaire, afin d'y pourvoir, chaque année, par un supplément de réserve.

Ces principes de comptabilité sont d'une vérité d'évidence. Les violer, ce serait, pour une société anonyme, engager témérairement l'avenir et distribuer des dividendes fictifs, ce qui est réprimé par un article de la loi des sociétés de 1867. Ce serait violer ouvertement aussi l'article 8 du code de commerce, qui porte que : *tout commerçant est tenu de faire tous les ans un inventaire de ses dettes actives et passives et de le copier, année par année, sur un registre spécial à ce destiné.* Des pensions de retraite promises sont manifestement une dette passive. Il est en conséquence prescrit à tout commerçant de les porter sur chacun de ses inventaires annuels.

Les administrateurs de la *Compagnie d'Assurances générales* se conformèrent scrupuleusement à ces principes.

Ayant résolu de ne pas exercer de retenues sur les traitements des employés, ils n'avaient pas de retenues à entreposer. La somme totale des traitements continua d'être à la charge de l'année inventoriée; mais la première dotation de la Caisse des pensions, libéralement votée par les actionnaires et se montant à 150,000 francs, fut immédiatement entreposée, et la réserve de la Caisse des pensions fut ouverte, commençant par cet article de 150,000 francs.

Chaque année, le montant de la participation aux bénéfices qui a été promise est entreposé à cette même réserve. Les comptes sont rendus publiquement. Les actionnaires, aussi bien que les employés, savent, à un centime près, les premiers, quel est le sacrifice qu'ils ont consenti, les seconds, de quelle somme s'augmente le fonds commun de la Caisse des pensions.

En vertu d'une décision du Conseil d'administration de la Compagnie, qui est un des articles du règlement, un intérêt de 4 p. o/o est bonifié au fonds de réserve. Ici encore, aucune charge quelconque n'est imposée à l'avenir. Les fonds entreposés ont rapporté à la Compagnie un intérêt d'au moins 4 p. o/o et, à plusieurs époques, un intérêt supérieur. Depuis quelques années, c'est un intérêt de faveur sur lequel il serait possible que la Compagnie subît quelque perte. Cette perte serait très légère, et le Conseil a cru pouvoir continuer d'accorder à son personnel un intérêt de faveur de 4 p. o/o. Nous répétons que les comptes sont publiés et approuvés par l'assemblée des actionnaires. S'il arrivait un jour que l'assemblée jugeât le taux de 4 p. o/o excessif, elle pourrait le réduire *pour l'avenir.*

C'est une éventualité qui semble encore bien éloignée. Le point sur lequel nous insistons, c'est qu'aucun engagement onéreux ne pèse sur l'avenir.

Aucun engagement ne pèse non plus sur l'avenir, quant au chiffre des pensions de retraite; les fondateurs de la Caisse des pensions de la *Compagnie d'Assurances générales* s'étaient bien gardés de promettre des pensions calculées par des procédés empiriques. La pension de chaque employé acquérant des droits à la retraite devait être constituée en un contrat de rente viagère souscrit par la Compagnie d'Assurances générales sur la vie, suivant ses tarifs et en raison de l'âge du rentier. Le capital constitutif serait exactement la part de l'employé retraité dans le fonds commun de la Caisse.

Cette part est à tout instant connue. C'est le moment de dire l'idée très féconde et très heureuse qu'eurent les fondateurs de la Caisse..... Ce fut de répartir le fonds commun en autant de comptes individuels qu'il y avait d'employés, en remettant à chacun un livret où est reproduit son compte. Cette répartition a lieu au prorata des traitements respectifs. Rien de plus juste. Le traitement est présumé l'expression de la valeur des services, dont l'ancienneté est même prise en considération pour la fixation du traitement. Là où l'on exerce des retenues, ne sont-elles pas proportionnelles aux traitements?

Chaque employé eut donc son livret personnel. Nous disions tout à l'heure que les employés savent à un centime près de quelle somme s'augmente chaque année le fonds commun. Il est bien plus saisissant que chacun d'eux sache, à un centime près, de quelle somme s'augmente chaque année, par les intérêts composés, par la répartition des déchéances et par les alluvions successives des subventions nouvelles, son compte personnel, en suive la progression et puisse mesurer la ressource qui s'amasse pour sa vieillesse.

Le livret devait avoir une conséquence bien autrement considérable. Il renfermait dans ses feuillets la grande idée du patrimoine, destinée à en jaillir avec éclat. Les fondateurs de la Caisse y avaient à peine pensé. Le préjugé de la pension viagère de retraite, qui allait inspirer avant peu la loi de 1853, était dans toute sa force : c'étaient bien des pensions de retraite qu'on songeait à préparer aux employés vieillis de la *Compagnie d'Assurances générales*.

La Caisse commença donc à fonctionner avec cet horizon reconnu depuis si étroit, du moins avec une correction absolue de comptabilité financière. Afin de grossir les ressources de la Caisse des pensions, les fondateurs n'avaient pas négligé l'élément important des déchéances. Pour acquérir le droit à la pension, il fallait, comme partout, avoir rempli certaines conditions de durée de service ou d'âge. Ici les conditions étaient très libérales : il suffisait de vingt-cinq ans de service, ou, à défaut, de 65 ans d'âge. Toutefois, si un employé mourait avant d'avoir rempli l'une de ces conditions, le montant de son livret faisait retour à la Caisse commune, se répartissant entre les livrets des survivants. C'était une tontine.

Un garçon de bureau vint à mourir. Il avait à son livret environ 1,500 francs. Il laissait une veuve, à qui cette ressource eût été bien précieuse. Le règlement ne permettait pas de la lui attribuer. Les 1,500 francs faisaient retour au fonds commun et se répartissaient entre tous les comptes individuels. Tel employé supérieur gagnait une trentaine de francs à la mort du garçon de bureau dont la veuve restait réduite à la détresse.

Il y eut, dans tous les rangs du personnel, une explosion de révolte généreuse contre ce résultat. Chacun avait le sentiment pénible que c'était se partager la dépouille du pauvre. Une pétition fut adressée au Conseil, demandant que les 1,500 francs du livret fussent attribués à la veuve. Touché du sentiment exprimé et s'y associant, le Conseil réforma le règlement. Il fut stipulé que la déchéance ne serait encourue que si l'employé, décédé en activité de service, ne laissait ni veuve, ni descendants, ni ascendant. Le livret devenait patrimoine.

Mais ce n'est pas tout. On devait voir se développer, sous une autre forme, l'idée du patrimoine dont un germe avait été déposé dans le premier règlement. Ce fut dû encore à l'heureuse combinaison du livret personnel.

C'était le montant exact du compte de l'employé retraité qui était versé à la Compagnie d'Assurances générales sur la vie, pour lui constituer une rente viagère suivant le tarif de son âge. On vint à penser qu'il n'était pas impossible qu'un employé, père de famille, ou ayant d'autres moyens d'existence, préférât le capital de son livret à une retraite viagère, laquelle est une aliénation. Si ce vœu était exprimé, quelle raison pouvait avoir la Compagnie de n'y pas déférer? Aucune autre que la crainte de voir, le capital dissipé, l'employé retraité retombant dans l'indigence. La Compagnie n'avait qu'à se précautionner contre cette éventualité fâcheuse, en conservant, jusqu'à la mort de l'employé retraité, les titres de rentes perpétuelles qui seraient achetées en son nom. C'était un embarras sans doute, mais qu'on supposait devoir être limité à un petit nombre de situations exceptionnelles, et c'était encore un bienveillant patronage.

Les fondateurs de la Caisse introduisirent donc dans le règlement un article aux termes duquel l'employé qui avait acquis des droits à la retraite avait l'option entre une constitution de rente viagère et un placement en rentes perpétuelles.

Or, à mesure que se sont multipliées les applications du règlement, il est arrivé que ce qu'on supposait devoir être l'exception s'est trouvé la règle. Tous les pères de famille ont demandé la rente perpétuelle ou le patrimoine.

Les célibataires seuls, et pas même tous, ont demandé la rente viagère. L'option pour le capital transmissible, ou le patrimoine, a été au moins dans la proportion de cinq sur six.

Ça a été une révélation. Le titre de *Caisse des pensions* devenait presque mensonger. Le titre a été changé. L'institution de la *Compagnie d'Assurances générales* s'est appelée de son vrai nom : *Caisse de prévoyance.*

Ainsi le livret personnel a conduit à perfectionner une institution qui, dans sa forme définitive, n'avait de modèle nulle part, et qui a pu être proposée elle-même comme modèle. Elle a reçu, en effet, de nombreuses imitations.

Son caractère principal est l'accès du capital, du patrimoine, ouvert au travail persévérant et fidèle Le pécule s'amasse au fur et à mesure que le travail continue. La propriété personnelle n'est acquise au titulaire du livret qu'après un certain nombre d'années de services. Pourtant, s'il est atteint d'infirmité, s'il est congédié par suppression d'emploi, comme cela est arrivé lors de la liquidation de la Compagnie d'Assurances générales contre la grêle, le montant du livret lui est remis. S'il meurt, laissant une veuve, des descendants ou des ascendants, le montant du livret est remis à sa famille. La révocation lui fait perdre, en principe, tous droits au livret; même dans ce cas, le Conseil s'est réservé la faculté de l'indulgence ou de la commisération pour la famille.

Quand le droit à la retraite est acquis, l'employé peut opter, et opte presque toujours pour le capital, de préférence à la pension viagère. Il demeure le plus souvent au service de la Compagnie, son pécule continuant de s'accroître. La partie qui en a été liquidée peut être placée en rentes perpétuelles en son nom. Lorsqu'il se retire effectivement, tout lui est remis. La Compagnie use très rarement de la faculté de conserver les titres déposés dans sa caisse et elle en a éprouvé peu d'inconvénients.

L'employé se retire donc capitaliste et ayant acquis le patrimoine. Il est libre, comme tout citoyen, d'aliéner son capital pour s'en faire une rente viagère.

Grâce aux prospérités presque constantes de la *Compagnie d'Assurances générales*, l'institution a donné des résultats qu'on peut appeler magnifiques.

Les trois spécimens de livrets personnels et la situation de la Caisse de prévoyance au 31 décembre 1887, annexés à l'intéressante note que nous avons reproduite à peu près intégralement, constituent une preuve éclatante de la conclusion.

Le livret de M. A..., chef de service, entré à la Compagnie le 1er février 1857, encore en activité au 31 décembre 1887, présentait, à cette date, un avoir de 74,743 fr. 04. M. B..., employé, entré à la Compagnie le 1er mai 1857 et retraité le 1er janvier 1887, possédait 37,271 fr. 30. Enfin, au 31 décembre 1887, le carnet de M. C..., garçon de bureau, entré à la Compagnie le 22 juillet 1865 et encore en activité de service, portait 17,472 fr. 41.

SITUATION DE LA CAISSE DE PRÉVOYANCE AU 31 DÉCEMBRE 1887.

DÉSIGNATION.	INCENDIE.	MARINE.	VIE.	GRÊLE.	TOTAUX.
	francs.	francs.	francs.	francs.	francs.
Sommes attribuées à la Caisse de prévoyance sur les bénéfices des inventaires successifs de 1850 au 31 décembre 1887....................	3,783,401	679,959	1,793,887	364,399	6,621,646
Intérêts appliqués à ce compte, de 1850 au 31 décembre 1887............	1,494,128	246,516	562,011	106,813	2,409,468
Totaux.................	5,277,529	926,475	2,355,898	471,212	9,031,114
A déduire : sommes payées aux employés ou à leur famille, de 1850 au 31 décembre 1887....................	2,897,817	660,020	869,294	471,212	4,898,343
Soldes créditeurs au 31 décembre 1887.	2,379,712	266,455	1,486,604	"	4,132,771

L'employé participant à la Caisse de prévoyance de la *Compagnie d'Assurances générales* est donc certain, «pourvu que Dieu lui prête vie», d'amasser des ressources suffisantes à garantir sa vieillesse contre la misère et de laisser un patrimoine à sa famille. Mais la mort prématurée peut bien arrêter brusquement le lent accroissement de son compte personnel. Que celui à qui la fortune favorable donne le temps d'élever ses enfants, d'assurer lui-même et la compagne de sa vie contre la destruction du salaire par la vieillesse, renonce à s'enrichir des dépouilles des veuves et des orphelins victimes du décès prématuré du chef de famille, c'est déjà un point gagné. N'y a-t-il pas encore un progrès à réaliser, et celui que la mort épargne ne doit-il pas consentir un sacrifice au profit de ceux qu'elle accable?

On s'étonne parfois du peu de développement qu'ont pris, en France, les assurances basées sur la réversion totale ou partielle, au profit des ayants droit des décédés, des cotisations ou primes payées par les survivants. Mais ceux-là même qui font commerce d'assurances en cas de décès ne semblent pas généralement priser la marchandise qu'ils offrent au public, et, jusqu'à ces dernières années, les compagnies d'assurances, lorsqu'il s'est agi de guider leurs employés sur le chemin de la prévoyance, ne les ont pas menés au delà de l'épargne accrue par la capitalisation des intérêts.

La Compagnie l'*Union* a fait, en 1887, un pas en avant dans la voie de la prévoyance rationnelle, en adoptant un ensemble de dispositions qui tendent à assurer les employés contre la destruction du salaire, de quelque manière, inhérente à la vitalité du salarié, qu'elle se réalise, par la mort prématurée ou par la vieillesse. En vertu d'anciens règlements, il était accordé des suppléments de salaire aux employés de l'*Union-Vie* et de l'*Union-Incendie*, en raison de leur grade, de leur traitement et des bénéfices réalisés par les deux compagnies d'assurances auxquelles ils étaient respectivement attachés; une part, peu importante d'ailleurs, de ces bénéfices, était affectée «à la formation d'un fonds de secours dont le Conseil pourrait disposer à sa convenance pour venir en aide à des employés méritants qui se trouveraient, par suite de maladie ou de vieillesse, obligés de suspendre ou d'interrompre leurs travaux»; enfin la Compagnie prenait à sa charge la moitié de la prime d'une assurance de rente viagère de 1,000 francs, différée à l'âge de 60 ans. Les employés avaient cependant la faculté de remplacer cette assurance contre la vieillesse par une autre combinaison à prime égale: assurance en cas de décès, assurance mixte, assurance à terme fixe.

Par délibération du Conseil d'administration, en date du 15 juin 1887, les employés admis à l'*Union-Vie* depuis le 15 juin 1887, et à l'*Union-Incendie* depuis le 1er juillet 1886, sont tenus de contracter à l'*Union-Vie* une assurance mixte, sans participation, à échéance de leur âge de 55 ans, d'un capital de 5,000 francs, dont la prime est payée, moitié par l'employé sur le montant de sa participation aux bénéfices, moitié par la Compagnie sur frais généraux. Sont tenus à la même assurance les anciens employés, âgés de moins de 40 ans, qui n'auraient encore souscrit aucune assurance prévue par les anciens règlements. Toute augmentation de traitement accordée à un employé, ancien ou nouveau, âgé de moins de 40 ans, donne lieu pour lui à la souscription d'une assurance mixte à demi-prime, sans participation, d'un capital de 500 francs.

Il n'est pas besoin de rappeler que l'assurance mixte a pour résultat, moyennant des primes périodiques, exigibles pendant une durée limitée par le terme de l'assurance ou par la mort de l'assuré, le payement d'un capital, soit à l'assuré lui-même, s'il atteint un âge fixé d'avance, soit à ses ayants droits, s'il meurt prématurément.

La même délibération réglemente et perfectionne les allocations de secours et de pensions à accorder aux anciens employés sur le fonds de retraite constitué par les délibérations antérieures, et crée une caisse de prévoyance « pour ouvrir des livrets individuels ».

Un livret individuel est ouvert d'office à tout employé nouveau et porte, à titre obligatoire :

1° Une retenue mensuelle de 5 p. o/o sur le traitement fixe, ainsi qu'une retenue du douzième de ce traitement annuel lors de la première nomination, et du douzième de toute augmentation ultérieure ;

2° L'excédent du produit de la participation aux bénéfices sur les demi-primes des assurances mixtes ;

3° La part proportionnelle revenant à l'employé du produit des déchéances ;

4° Les intérêts à 4 p. o/o, capitalisés tous les ans au 31 décembre.

Un livret individuel peut être attribué à tout ancien employé qui en fait la demande, et porte, à titre facultatif :

1° Une retenue mensuelle sur le traitement fixe, à un taux de 3 à 5 p. o/o, fixé par l'employé, mais pour cinq années consécutives au moins ;

2° L'excédent total ou partiel du produit de la participation aux bénéfices sur les demi-primes des assurances réglementaires ou facultatives ;

3° Les intérêts à 4 p. o/o capitalisés tous les ans au 31 décembre.

Le montant intégral du livret individuel est acquis :

A la veuve, aux descendants ou aux ascendants de l'employé qui meurt en activité de service, après deux ans de fonctions au moins ;

A l'employé qu'un accident grave met dans l'impossibilité de continuer ses fonctions, ou qui est congédié pour cause de suppression d'emploi ;

A l'employé qui atteint l'âge de 55 ans, quel que soit le nombre de ses années de services. S'il est maintenu en fonctions, le capital des assurances mixtes est versé à son livret individuel et y porte intérêt comme les autres sommes déjà acquises. Il ne peut recevoir le montant de son livret qu'au moment où il quitte la Compagnie ; son avoir est alors employé en achat de rentes sur l'État ou en obligations de chemins de fer français qui sont conservées, jusqu'à son décès, dans les caisses de la Compagnie ; ou en constitution, à l'*Union-Vie*, d'une rente viagère réversible, s'il est marié, au moins pour moitié, sur la tête de sa femme.

D'après le règlement du 15 juin 1887, l'employé qui cesse ses fonctions, pour quelque cause que ce soit, avant d'avoir accompli sa deuxième année de service, est déchu de tout droit aux sommes portées sur son livret, même aux retenues. L'employé révoqué, l'employé démissionnaire, pour tout autre motif que l'état de sa santé, ont, sur le montant de leur livret, un droit limité, suivant la cause du départ et la durée des services, aux retenues capitalisées ou à ces retenues et au total, sans intérêts ni autres sommes accessoires, des versements provenant de la participation aux bénéfices. Ils sont déchus de tout droit aux autres sommes portées à leur livret, qui font retour à la caisse de prévoyance. Il en est de même du montant du compte de participation de l'employé qui meurt en activité de service sans laisser de veuve, de descendant, ni d'ascendant.

Ces clauses de déchéance, qui sont, d'ailleurs, moins rigoureuses que dans la plupart des caisses de prévoyance, déparaient encore un peu le règlement du 15 juin 1887, concernant les institutions fondées en faveur du personnel de l'*Union-Vie* et de l'*Union-Incendie*. L'employé porteur d'un livret individuel estime facilement, et non sans quelque raison, qu'il est propriétaire de toutes les sommes qui y sont inscrites, aussi bien du produit de sa participation aux bénéfices que des retenues sur son traitement. C'est en considération des services rendus, et non des services à rendre ultérieurement, qu'il est admis à la participation aux bénéfices. Ce supplément de salaire est, sous une forme spéciale, la rémunération de son travail, comme le traitement fixe. Croyant la prévoyance nécessaire, l'employé consent volontiers à appliquer une partie de son salaire à garantir sa famille et lui-même contre les suites de la mort prématurée ou de l'incapacité de travail. Mais si, en vertu des règlements qui l'ont initié à la prévoyance, il encourt quelque déchéance, il la subit, parce qu'elle est la conséquence du contrat qu'il avait accepté, mais avec impatience, et arrive à penser que l'imprévoyance est plus agréable et tout aussi avantageuse que la prévoyance. Par délibération du 4 mars 1891, le Conseil d'administration de la Compagnie l'*Union*, accomplissant un nouveau progrès dans la voie de la prévoyance et de la justice, a supprimé toute clause de déchéance.

La Compagnie *la Nationale*, par délibération du 20 juillet 1853, «dans le but de procurer aux employés au moment de leur retraite, ou, en cas de mort, à leurs proches parents, la disponibilité d'un capital ou la jouissance d'une rente viagère, a décidé qu'un prélèvement de 10 p. 0/0 des appointements fixes serait opéré chaque année sur les bénéfices, versé à un fonds de réserve, et réparti, au prorata des appointements, à des comptes individuels portant intérêts capitalisés à 4 p. 0/0.»

Le règlement porte que «la répartition à des comptes individuels ne sera faite que pour ordre et afin de déterminer, le cas échéant, avec plus de facilité, la somme qui pourra être accordée à chaque employé », le Conseil d'administration se réservant expressément le droit de refuser à l'employé, lorsqu'il quittera la Compagnie, ou de donner, à titre de récompense et en témoignage de satisfaction, la propriété de la somme inscrite au compte individuel.

De même, en cas de décès d'un employé en activité de service, « le Conseil d'administration examinera s'il juge convenable d'accorder aux ascendants, descendants ou à la veuve du défunt, tout ou partie de la somme portée à son compte individuel. »

Lorsque le carnet de réserve attribué à un employé ne constitue pas, au moment de la cessation des fonctions, une rente ou un capital suffisant pour assurer son existence ou celle de ses proches parents, la Compagnie alloue des annuités renouvelables, proportionnées à la durée et à la nature des services, révocables en droit, mais ayant en fait le caractère de pensions de retraite.

	NATIONALE-VIE	NATIONALE-INCENDIE.
Versements au fonds de réserve de 1853 à 1888....	696,133ᶠ 33ᶜ	1,284,499ᶠ 74ᶜ
Solde du compte de prévoyance au 31 décembre 1888....................................	343,550 05	568,637 77
Sommes payées....................................	352,583 28	715,861 97
Montant des allocations payées à titre de pension....	172,200 00 [1]	400,785 22 [2]
Des allocations renouvelables sont inscrites au 31 décembre 1888, pour une somme annuelle de.....	15,400 00 [3]	20,450 01 [4]

Le règlement de la CAISSE D'ÉPARGNE ET DE PRÉVOYANCE, ÉTABLIE EN FAVEUR DES EMPLOYÉS ATTACHÉS AU SERVICE DE LA COMPAGNIE *LE PHÉNIX* présente quelques particularités intéressantes.

Cette caisse est alimentée, non seulement par une retenue sur les traitements et par une allocation de la Compagnie, mais encore « par toutes les sommes, quelle qu'en soit l'importance, que les employés y déposeraient volontairement sur leurs économies. » Les fonds sont employés en rentes 3 p. 0/0, inscrites au nom de : *La Compagnie française du Phénix (Les employés de).* « Mais il est ouvert un compte particulier à chaque déposant. Ce compte comprend deux colonnes : la colonne *numéraire* et la colonne *rente 3 p. 0/0.* Dès que le crédit d'un compte atteint la somme suffisante pour permettre l'achat d'*un* franc de rente 3 p. 0/0, le compte *numéraire* est diminué de la dépense occasionnée par cet achat, et, par contre, le compte *rente* est augmenté de celle ainsi acquise.

« En janvier, avril, juillet et octobre, c'est-à-dire aux échéances de la rente 3 p. 0/0, il est porté au crédit de chaque compte, outre le crédit ordinaire du mois (*retenue, allocation, versement volontaire*), l'intérêt trimestriel de la rente lui appartenant. »

Cette manière de procéder est parfaitement prudente et correcte. Elle n'engage pas la Compagnie à d'autres sacrifices que le montant net des allocations et fait profiter le

---

[1] 20 pensionnaires. — [2] 38 pensionnaires. — [3] 13 pensionnaires. — [4] 15 pensionnaires.

titulaire du livret, lorsque son compte lui est remis en titres de rente, avec un appoint en numéraire, de la plus-value qu'ont pu prendre ces titres depuis le moment où ils ont été achetés. Mais elle doit être plus compliquée que la bonification d'intérêt au taux fixe de 4 p. o/o par an.

Les déchéances sont limitées aux allocations de la Compagnie et ne frappent que l'employé révoqué ou démissionnaire dans les cinq premières années de son entrée au *Phénix*.

Nous nous bornerons, en ce qui concerne la CAISSE DE PRÉVOYANCE DES COMPAGNIES LE *SOLEIL* ET L'*AIGLE*, créée au profit des employés de la branche incendie, à donner les résultats :

Prélèvements de 3 p. o/o sur les bénéfices industriels.............	784,302[f] o3
Intérêts..............	366,832 3o
TOTAL............	1,151,134 33

Liquidation des comptes individuels. { Décès.....		5o,731[f] o2
Retraite...		188,633 28
Arrérages de pensions ..		22o,992 9o
Secours et frais funéraires .		16,731 48
Solde des comptes individuels au 31 décembre 1888.............		545,7o6 57
Masse générale.........		128,339 o8
TOTAL ÉGAL.		1,151,134 33

La masse générale est la réserve formée par l'accumulation du quart des répartitions des bénéfices annuels et destinée à servir les pensions viagères allouées aux anciens employés.

Le nombre des comptes individuels a varié de 131 en 1871 à 195 en 1888.

La CAISSE DE PRÉVOYANCE DE LA COMPAGNIE L'*URBAINE*, qui a été l'objet de généreuses donations (143,000 francs en 1867, par M. A. La Perche, 10,000 francs en 1879, par M. Bonnefons, 20,000 francs en 1888, par M. Grienger), comptait, en 1874, 92 participants et 206 en 1888.

Sommes versées à la Caisse de prévoyance....................	656,o4o[f] oo
Intérêts bonifiés..	162,137 o3
TOTAL.................................	818,177 o3
Il a été payé aux employés ou à leurs familles...................	221,005 82
Il restait en caisse au 31 décembre 1888..................	597,171 21

L'étude que nous avons faite des caisses de prévoyance des Compagnies d'assurances est déjà longue, et cependant nous regrettons de n'avoir pas vu figurer dans la section VI quelques-unes des institutions créées sur le même plan par d'autres patrons et de n'avoir pu constater les résultats qu'elles ont donnés.

Parmi les documents exposés dans la section VI, l'un des plus curieux à étudier est certainement la brochure intitulée : *Les Caisses de secours et de prévoyance à la Compagnie houillère de Bessèges*, publiée par M. J.-B. Marsaut, ingénieur en chef de la Compagnie. La caisse de secours en cas de maladie, la caisse de secours en cas d'accidents, les caisses de retraites des « anciens » et des « jeunes » sont aujourd'hui spécialisées : elles ont chacune des ressources et des charges respectivement déterminées. Mais ce n'est qu'après de nombreux changements, de laborieuses améliorations, que ces institutions sont arrivées à l'état actuel.

Les documents conservés ne permettent pas de remonter au delà de l'année 1843. Dans la période de 1843 à 1859, il n'existait qu'une caisse de secours dont les ressources provenaient d'une retenue sur les salaires de 3 p. o/o pour les ouvriers de la mine et de 1 p. o/o pour ceux du dehors, des amendes disciplinaires et de quelques dons de la Compagnie. La caisse payait :

Les médecins, les médicaments pour les blessés, les malades et pour toutes les familles d'ouvriers;

L'hôpital pour les blessés et les malades;

Une indemnité de 1 fr. 25 par jour de chômage, à tout blessé obligé de chômer plus de huit jours;

Des pensions facultatives et indéterminées aux veuves et aux orphelins et des secours exceptionnels aux familles nécessiteuses;

Enfin des subventions aux écoles.

Les résultats financiers de cette période (seize années) sont les suivants :

Retenues sur les salaires..	173,691f 40	Service médical, indemnités, secours..........	175,458f 80
Allocations de la Compagnie..............	25,413 30	Subventions aux écoles....	10,017 80
Total des recettes .	199,104 70	Reliquat passé à la période suivante..........	13,628 10
		Total égal........	199,104 70

Dans la période de 1859 à 1868, la caisse de secours se développe, le taux de la retenue sur les salaires est fixé à 3 p. o/o pour les ouvriers du dehors comme pour les ouvriers de l'intérieur; les employés sont affiliés à la caisse, moyennant une retenue de 1 p. o/o sur les appointements; les subventions de la Compagnie deviennent plus importantes, bien qu'elles restent facultatives; d'un autre côté, les indemnités de chômage sont étendues des blessés aux malades « et, sous forme de pensions aux invalides justifiant de vingt-cinq années de travail consécutif à la Compagnie, on introduit dans le règlement de la caisse de secours le germe de la retraite ».

Nous n'entrerons pas dans le détail des indemnités à la charge de la caisse de secours; mais nous ne pouvons pas omettre de signaler une clause très raisonnable du règlement, en vertu de laquelle il n'est alloué aucune indemnité, dans aucun cas, aux blessés pour les cinq premiers jours de chômage, aux malades pour les dix premiers jours de maladie. L'allocation de l'indemnité à partir du premier jour de chômage, pour toute incapacité de travail se prolongeant au delà d'un certain délai, est un encouragement à la simulation : les blessés et les malades, quoique guéris, prolongent, par toutes les feintes possibles, l'invalidité jusqu'au terme qui leur ouvre le droit à l'indemnité de chômage.

Les résultats financiers de la seconde période (dix années) sont les suivants :

Reliquat de la période précédente........ ..	13,628ᶠ 10	Service médical : indemnités, secours.........	544,789 55
Retenues sur les salaires..	488,432 40	Subventions aux écoles...	112,044 85
Allocations de la Compagnie...............	160,981 75	Reliquat passé à la période suivante...........	6,207 85
Total des recettes..	663,042 25	Total égal........	663,042 25

La période suivante, de 1869 à 1873, est marquée par une augmentation considérable des subventions de la Compagnie, portées désormais au même taux que les retenues sur les salaires, et par l'introduction, dans le règlement, de promesses fermes de pensions en cas d'accidents au travail et de vieillesse.

La clause que nous avons signalée plus haut est légèrement modifiée; l'indemnité de chômage est accordée :

A l'ouvrier blessé au travail, à partir du sixième jour, pour une incapacité de travail de moins de dix jours, et, à partir du début, en cas de durée supérieure;

A l'ouvrier malade ou blessé hors service, à partir du sixième jour, dans tous les cas.

Les pensions réglementaires sont ainsi fixées :

A la veuve de l'ouvrier victime d'un accident mortel, 25 francs par mois, simultanément 10 francs pour le premier enfant et 5 francs pour chacun des autres, jusqu'à l'âge de 14 ans, avec maximum de 50 francs par famille;

A chaque orphelin de père et de mère, dont le père a été victime d'un accident mortel, 12 francs par mois, jusqu'à 14 ans, avec maximum de 50 francs par famille;

A la victime d'un accident entraînant l'incapacité permanente de travail, une allocation mensuelle variable suivant le degré d'invalidité;

A l'ouvrier ayant trente années de service et 55 ans révolus, 25 francs par mois, même s'il continue à travailler; à l'employé dans les mêmes conditions d'âge et de service, mais seulement à la cessation de ses fonctions, un tiers de ses appointements, avec maximum de 600 francs par an, avec réversibilité de moitié au profit de la femme et du quart aux enfants de moins de 14 ans, quel qu'en soit le nombre.

Le règlement ne fait mention d'aucune durée de participation à la Caisse de secours, nécessaire à l'admission à la retraite. La notice de M. Marsaut constate que « c'était une lourde charge pour l'avenir ». Les faits n'ont pas tardé à le démontrer, comme on le verra par la suite.

Les recettes et les dépenses, pour cette période de quatre années, s'équilibrent ainsi qu'il suit :

Reliquat de la période précédente..............	6,207' 85		Service médical, indemnités, secours..............	386,360' 35
Retenues sur les salaires...	218,039 00		Subventions aux écoles....	78,123 50
Subvention égale de la Compagnie..............	218,039 00		Pensions de retraites......	3,350 00
Recettes diverses.........	8,420 20		Reliquat passé à la période suivante..............	27,300 90
Allocations indirectes de la Compagnie..........	44,428 70			
Total des recettes...	495,134 75		Total égal.........	495,134 75

L'expérience de cette courte période, bien que les dépenses relatives aux pensions de retraite aient été minimes, a suffi à faire comprendre que « les réserves nécessaires à un système de retraites sont mal placées dans une caisse de secours, car il est trop difficile, pour un conseil d'ouvriers, de résister à la tentation de les dissiper en face de la gêne habituelle de certaines familles. Aussi la Compagnie, mieux éclairée par la pratique, n'hésita pas à proposer, dès 1872, à son personnel, une séparation certainement prudente, c'est-à-dire la création de deux caisses spécialisées, l'une de secours, l'autre de retraites, en remplacement de l'ancienne caisse commune. Pour faciliter le succès de cette nouvelle disposition, elle prit résolument la charge entière des honoraires des médecins, des frais d'écoles et des infirmeries qui incombaient jusqu'alors à la Caisse de secours. »

« Dès le 1ᵉʳ janvier 1873, la Compagnie et son personnel décident donc la création de deux caisses indépendantes, l'une de secours proprement dite, et conviennent d'affecter tout le reliquat de l'ancienne caisse générale à la nouvelle caisse de secours. »

L'exposé des recettes et des dépenses de la Caisse de secours dans la période de 1873 à 1887 nous dispensera d'entrer dans le détail du règlement, sur l'origine et l'importance des ressources, sur la nature des charges.

<table>
<tr><td colspan="2">Recettes.</td><td colspan="2">Dépenses. (Suite.)</td></tr>
<tr><td>Reliquat de la période précédente..........</td><td>27,300ʳ 90</td><td>Report.........</td><td>1,246,068ʳ 50</td></tr>
<tr><td></td><td></td><td colspan="2">Blessés.</td></tr>
<tr><td>Retenues de 2 p. o/o sur les salaires.........</td><td>954,859 25</td><td>Indemnités de chômage .</td><td>218,999 90</td></tr>
<tr><td></td><td></td><td>Secours temporaires.....</td><td>84,917 70</td></tr>
<tr><td>Subvention égale de la Compagnie.........</td><td>954,859 25</td><td>Pensions aux blessés.....</td><td>180,520 30</td></tr>
<tr><td>Amendes et barjats [1]....</td><td>74,181 90</td><td>Pensions aux veuves, etc.</td><td>236,045 10</td></tr>
<tr><td>Divers...............</td><td>10,611 50</td><td>Rachat de pensions.....</td><td>5,785 15</td></tr>
<tr><td>Intérêts.............</td><td>19,716 10</td><td>Frais funéraires (exceptionnels)...........</td><td>2,223 75</td></tr>
<tr><td>Total des recettes...</td><td>2,041,528 90</td><td>Divers...............</td><td>1,257 60</td></tr>
<tr><td></td><td></td><td>Médicaments..........</td><td>21,601 65</td></tr>
<tr><td></td><td></td><td>Frais de procès........</td><td>9,573 15</td></tr>
<tr><td colspan="2">Dépenses.</td><td>Administration.........</td><td>7,366 85</td></tr>
<tr><td colspan="2">Malades.</td><td>Divers...............</td><td>25,064 00</td></tr>
<tr><td>Indemnités de chômage..</td><td>430,801ʳ 25</td><td>Reliquat au 31 décembre 1887..............</td><td>2,105 25</td></tr>
<tr><td>Maladies chroniques.....</td><td>58,817 35</td><td>Total égal.......</td><td>2,041,528 90</td></tr>
<tr><td>Secours exceptionnels....</td><td>124,498 20</td><td>Dépenses payées par la Compagnie en dehors de sa subvention de 2 p. o/o du salaire....</td><td>584,846 00</td></tr>
<tr><td>Pensions aux veuves et aux orphelins..........</td><td>240,981 95</td><td></td><td></td></tr>
<tr><td>Médicaments ....</td><td>379,919 55</td><td></td><td>2,626,374 90</td></tr>
<tr><td>Administration.........</td><td>11,050 20</td><td></td><td></td></tr>
<tr><td>A reporter......</td><td>1,246,068 50</td><td></td><td></td></tr>
</table>

Il importe de signaler, dans les dépenses, le chapitre des pensions aux veuves et aux orphelins des ouvriers morts de maladie. Les charges que ce service entraîne peuvent devenir bien lourdes pour une Caisse de secours. L'assurance contre la mort prématurée, qui tend à remplacer le salaire avec lequel le chef de famille subvient aux besoins de sa femme et de ses jeunes enfants, est de tous points excellente. Mais elle doit être séparée de l'assurance contre la maladie, pour les mêmes raisons qui rendent nécessaire la spécialisation des Caisses de retraites.

En 1887, la Caisse de secours a été scindée en deux institutions spéciales, à la suite de procès coûteux, de plus en plus fréquents, intentés à la Compagnie et à la Caisse à raison d'accidents survenus dans les travaux.

La Caisse de secours des malades reçoit un prélèvement de 2 p. o/o des salaires et appointements, les produits des amendes disciplinaires et des *barjats*, les dons, etc. Elle fournit aux malades les indemnités de chômage, les médicaments, etc., qu'allouait l'ancienne Caisse; de même, aux veuves et aux orphelins des décédés, des pensions facultatives et indéterminées.

Les ressources de la Caisse de secours des blessés consistent uniquement dans une

[1] Le mot local *barjats* désigne les wagons de houille rebutés par le contrôle à la sortie de la mine pour malfaçon et, par suite, impayés aux ouvriers.

subvention de la Compagnie, égale à 2 p. o/o des salaires, et dans les dons volontaires. Cette caisse doit faire face à toutes les charges des accidents survenus dans les travaux, y compris les frais des procès. Il est stipulé que tout ouvrier qui entame un procès contre la Compagnie est exclu des secours accordés par la Caisse.

La Caisse de retraites, créée le 1er janvier 1873 et liquidée le 31 décembre 1887, recevait, d'une part, une retenue de 1 p. o/o sur le salaire des ouvriers et sur les appointements des employés, d'autre part, une allocation égale de la Compagnie, qui en conservait le dépôt et le maniement pour en assurer l'emploi régulier.

La pension de retraite était fixée à 300 francs pour l'ouvrier, au tiers des appointements pour l'employé célibataire ou veuf sans enfants jeunes, aux deux tiers pour l'employé marié ou veuf avec enfants au-dessous de 14 ans, jusqu'au maximum de 600 francs par an. L'ouvrier touchait la pension même en travaillant, l'employé seulement à la cessation des fonctions. Les veuves des retraités dont le mariage remontait à dix ans au moins, et les orphelins de moins de 14 ans avaient la moitié de la pension du mari ou du père.

Les conditions normales d'admission à la retraite étaient 55 ans d'âge et vingt-cinq ans de service. La limite d'âge, en cas d'invalidité prématurée, pouvait être abaissée à 50 ans, pourvu que le total du nombre des années d'âge et du nombre des années de service fût au moins égal à 80.

De même que dans le règlement de 1868, aucune durée de participation à la Caisse n'est exigée pour l'admission à la retraite.

L'ouvrier démissionnaire ou congédié, les héritiers d'un ouvrier décédé « avaient droit, pendant un délai de six mois, après cinq ans de contribution, au remboursement de 12 francs par an, représentant les versements personnels moyens à la Caisse des retraites. Cette disposition avait pour but d'éviter les réclamations des ouvriers qui se mettaient dans le cas d'être congédiés. »

D'après un article du règlement, le taux de la pension était susceptible d'être augmenté ou diminué selon l'état des ressources de la Caisse. Cependant la Compagnie garantissait un minimum de 300 francs à tous les ouvriers ayant déjà dix années de service au 1er janvier 1873.

La clause de revision était prudente. Les directeurs de la Compagnie sentaient confusément que les ressources de la Caisse de retraites ne suffiraient pas à garantir sûrement le service des pensions; « mais les charges se montraient légères au début et devaient, selon toute vraisemblance, conserver ce caractère pendant une période assez longue; d'autre part, on n'envisageait qu'un roulement indéfini, dispensant de la formation d'un capital de garantie; on se promettait d'ailleurs, de part et d'autre, lorsque la nécessité s'en ferait sentir, de s'imposer les sacrifices nécessaires pour donner des bases plus solides à l'institution. »

L'illusion causée par un capital en croissance rapide détruisit bientôt les craintes confuses du début, et, au mois de mai 1880, la Compagnie et les ouvriers décidèrent de doubler le taux des pensions. Les conséquences de cette mesure n'ont pas tardé à faire comprendre qu'on allait à la ruine et qu'il fallait revenir en arrière. Le tableau ci-après, qui résume le fonctionnement de la Caisse de 1873 à 1887, montre que l'accroissement du capital se ralentit aussitôt ; il se serait arrêté en 1888, si l'on n'avait alors pris parti de liquider la Caisse de retraites et de la rétablir sur des bases raisonnables ; puis les ressources annuelles, retenues sur le salaire, subventions de la Compagnie, intérêts, ne suffisant plus au service des pensions, il aurait fallu, en 1889 ou 1890, entamer le capital qui aurait été rapidement consommé. C'est le sort qui menace toute Caisse de retraites établie sur des données empiriques, dans laquelle le taux des pensions est fixé arbitrairement au lieu d'être déterminé en raison des primes versées au nom de chacun des sociétaires, qu'elles proviennent de leurs deniers ou des libéralités d'autrui, en raison des chances de survie que courent ces sociétaires et du taux d'intérêt que la Caisse peut retirer de l'emploi des fonds.

L'erreur fondamentale qui a présidé à la création de la Caisse de retraites de la Compagnie houillère de Bessèges, en 1873, consiste dans la conception *d'un roulement indéfini, dispensant de la formation d'un capital de garantie*.

Il est facile de démontrer que la constitution d'un capital de garantie égal aux réserves mathématiques est la condition suffisante à l'établissement régulier du roulement indéfini.

Considérons une caisse de retraites fonctionnant à l'aide de tarifs calculés en raison de la loi de sortie des membres participants et du taux d'intérêt produit par les emplois de fonds, se recrutant dans un milieu limité et de telle manière que les entrées annuelles compensent les sorties par décès ou par autre cause ; assez ancienne pour que les participants, cotisants et pensionnaires, soient répartis à tous les âges depuis la limite inférieure d'admission jusqu'à la limite de la vie humaine. La population de cette caisse est stationnaire : à la fin de deux périodes consécutives, le groupe des participants ayant un âge déterminé n'est pas composé des mêmes individus, mais il est numériquement constant ; partant, les réserves mathématiques sont constantes. Entre les pensionnaires, dont le nombre est également stationnaire, peut être distribuée chaque année la totalité des recettes, c'est-à-dire le revenu du capital de garantie placé au taux même qui entre dans l'évaluation des réserves mathématiques et le montant des primes, retenues et subventions, versées au nom des sociétaires qui n'ont pas atteint l'âge de la retraite. Non seulement cette distribution est possible, parce qu'il n'y a plus lieu d'augmenter le capital de garantie ou les réserves mathématiques, mais encore elle doit être faite, parce que l'ensemble des arrérages de pensions à payer chaque année est exactement égal au montant total des recettes annuelles.

Dans une telle caisse de retraites, correctement organisée, le service des pensions n'absorbe d'abord qu'une faible partie des recettes annuelles, et l'excédent des recettes

TABLEAU DU FONCTIONNEMENT DE LA CAISSE DE RETRAITES, 1873-1887.

ANNÉES.	RECETTES.				DÉPENSES.							SITUATION de LA CAISSE au 31 décembre de chaque année.
	FONDS provenant du personnel.	FONDS complémentaires de la compagnie.	DONS, intérêts des sommes en caisse.	ENSEMBLE des ressources.	NOMBRE de pensions servies aux retraités.	NOMBRE de pensions servies aux veuves de retraités.	MONTANT des pensions.	NOMBRE de remboursements effectués pour cause de décès.	NOMBRE de remboursements effectués pour cause de départ.	MONTANT des remboursements.	ENSEMBLE des dépenses.	
	fr. c.	fr. c.	fr. c.	fr. c.			fr. c.			fr. c.	fr. c.	fr. c.
1873	24,645 00	24,645 00	617 95	49,967 50	9 1/12	1 5/12	3,128 60	//	//	//	3,128 60	46,778 90
1874	27,616 90	27,616 90	2,089 30	57,323 10	13 9/12	3 2	4,818 95	//	//	//	4,818 95	99,283 05
1875	26,988 20	26,988 20	3,655 25	57,631 65	15 11	5	5,959 80	//	//	//	5,959 80	150,954 90
1876	26,007 70	26,007 70	5,135 60	57,151 00	20 7	5 8	7,790 05	//	//	//	7,790 05	200,315 85
1877	28,336 10	28,336 10	6,684 90	64,357 10	20 8	5 10	7,670 30	//	//	//	7,670 30	257,002 65
1878	29,403 30	29,403 30	8,398 70	67,205 30	18 5	6 7	7,120 30	24	5	1,853 50	8,973 80	315,234 15
1879	30,504 40	30,504 40	10,161 35	71,170 15	18 6	9	7,507 80	12	16	2,006 00	9,513 80	376,890 50
1880	33,668 25	33,668 25	11,963 10	79,299 60	30 10	9 1	15,646 10	32	36	5,367 00	21,013 10	435,177 00
1881	35,247 55	35,247 55	15,017 90	85,513 00	46 9	11 6	26,256 00	11	52	5,353 00	31,609 00	489,081 00
1882	37,598 45	37,598 45	17,600 20	92,797 10	53 1	13 2	30,816 00	14	86	9,070 00	39,886 00	541,992 10
1883	40,162 00	40,162 00	19,186 55	99,510 55	63 4	15 8	36,791 00	18	69	7,944 00	44,735 00	596,767 65
1884	38,564 85	38,564 85	20,762 25	97,891 95	71	20 3	44,504 20	14	64	7,939 20	52,443 40	642,216 20
1885	33,411 25	33,411 25	24,557 10	91,379 60	77 11	24	53,473 85	12	75	8,864 00	62,337 85	671,257 95
1886	32,377 20	32,377 20	34,657 10	99,411 50	81 7	28 8	58,326 45	28	59	8,595 50	66,922 95	703,746 50
1887	32,108 20	32,108 20	22,866 50	87,082 90	89 8	30 3	63,670 85	28	69	11,128 80	74,799 65	716,029 75
	477,139 35	477,139 35	203,352 85	1,157,632 00	631 1/12	190 3/12	373,480 25	193	526	68,122 00	441,602 25	

est affecté à l'accroissement régulier du capital de garantie. Le montant annuel des arrérages de pensions augmente progressivement, de manière à devenir égal aux recettes annuelles au moment où la caisse entre dans la période de la population stationnaire et des réserves mathématiques constantes.

Il est utile d'indiquer dans quelle proportion chacune des deux espèces de recettes, revenus et versements, compose alors les ressources nécessaires et suffisantes au payement des pensions.

Dans l'hypothèse des sorties réglées par la loi de la table de mortalité de la Caisse nationale des retraites et du placement du capital de garantie au taux trimestriel de 1 p. o/o, le tableau ci-dessous indique les pensions acquises à différents âges par un versement annuel de 1 franc commencé à 25 ans et la division de ces pensions en deux parts prélevées, l'une sur le revenu du capital de garantie, l'autre sur les versements annuels, durant la période des réserves mathématiques constantes.

ÂGE INITIAL DES VERSEMENTS : 25 ANS. — TARIF 4 P. 0/0 C. R.

ÂGES D'ADMISSION À LA RETRAITE.	50 ANS.		55 ANS.	60 ANS[1].	65 ANS.	
	fr. c.	p. o/o.	fr. c.	fr. c.	fr. c.	p. o/o.
Montant total de chaque pension...............	3 86	100	6 20	10 27	18 02	100
Part payable { sur le revenu.................	2 51	65	4 19	7 20	13 12	73
{ sur les versements..............	1 35	35	2 01	3 07	4 90	27

[1] D'après le tarif 4 p. o/o C. R., actuellement en usage à la Caisse nationale des retraites, la rente acquise par un versement de 1 franc, effectué chaque année, jusques et y compris l'année de la jouissance, dans le trimestre où se trouve la date anniversaire de la naissance du déposant, depuis l'âge de 25 ans jusqu'à l'âge de 60 ans, est 10 fr. 27 (tableau n° 3, p. 16).

La population de la table de la Caisse des retraites, de 25 ans à 60 ans inclusivement, est 2,753,192 (cotisants); la population, depuis 60 ans jusqu'à la limite de la vie humaine, est 896,618 (pensionnaires).

En divisant ces deux nombres l'un par l'autre, on trouve 3,07. La différence entre la rente totale, 10 fr. 27, et la part payable sur les versements, 3 fr. 07, est la part payable sur le revenu du capital de garantie, 7 fr. 20.

Si l'âge initial des versements est reculé à 30 ans, les autres conditions restant les mêmes que ci-dessus, on constate une diminution de la part payable sur le revenu et une augmentation de la part payable sur les versements :

ÂGE INITIAL DES VERSEMENTS : 30 ANS. — TARIF 4 P. 0/0 C. R.

ÂGES D'ADMISSION À LA RETRAITE.	50 ANS.		55 ANS.	60 ANS.	65 ANS.	
	fr. c.	p. o/o.	fr. c.	fr. c.	fr. c.	p. o/o.
Montant total de chaque pension...............	2 71	100	4 50	7 59	13 50	100
Part payable { sur le revenu.................	1 64	61	2 85	5 01	9 21	68
{ sur les versements..............	1 07	39	1 65	2 58	4 29	32

Si l'on suppose une loi de sortie différente, la table de Déparcieux, par exemple, l'âge initial des versements ramené à 25 ans, et le taux trimestriel de 1 p. o/o, on obtient des chiffres absolus différents de ceux qui figurent au premier tableau; mais les proportions, dans les limites du degré d'approximation que nous avons adopté, ne changent pas :

ÂGE INITIAL DES VERSEMENTS : 25 ANS. — TARIF 4 P. 0/0 D.

ÂGES D'ADMISSION À LA RETRAITE.	50 ANS.		55 ANS.	60 ANS.	65 ANS.	
	fr. c.	p. o/o.	fr. c.	fr. c.	fr. c.	p. o/o.
Montant total de chaque pension.............	4 12	100	6 68	11 14	19 71	100
Part payable { sur le revenu...................	2 67	65	4 50	7 80	14 35	73
{ sur les versements..............	1 45	35	2 18	3 34	5 36	27

Dans l'hypothèse de la table de Déparcieux et du taux semestriel de 2 1/2 p. o/o, la part payable sur le revenu augmente sensiblement, la part payable sur les versements ne varie pas, puisqu'elle ne dépend que de la loi de sortie et de la répartition des sociétaires aux différents âges :

ÂGE INITIAL DES VERSEMENTS : 25 ANS. — TARIF 5 P. 0/0 D.

ÂGES D'ADMISSION À LA RETRAITE.	50 ANS.		55 ANS.	60 ANS.	65 ANS.	
	fr. c.	p. o/o.	fr. c.	fr. c.	fr. c.	p. o/o.
Montant total de chaque pension.............	5 28	100	8 79	15 07	27 48	100
Part payable { sur le revenu..................	3 83	73	6 61	11 73	22 12	80
{ sur les versements..............	1 45	27	2 18	3 34	5 36	20

Quelque loi de sortie qu'on y puisse observer, quelque taux d'intérêt qu'elle réalise dans ses emplois de fonds, une caisse de retraites correctement organisée, arrivée à la période de la population stationnaire, paye la portion la plus considérable des pensions sur les revenus du capital de garantie.

Considérons maintenant une caisse de retraites qui prétend pouvoir se passer de tarifs mathématiques. Ce serait un hasard bien extraordinaire qu'elle servît des pensions exactement égales à celles qu'on pourrait fixer en raison des primes versées au nom des membres participants, de la loi de sortie de ces membres et du taux d'intérêt résultant des emplois de fonds. On peut avancer hardiment qu'elle sert des pensions exagérées. Cette caisse, dans un avenir d'autant plus prochain que les pensions payées effectivement dépassent davantage les pensions mathématiques, sera fatalement amenée à distribuer la totalité des ressources annuelles, avant d'avoir atteint son complet développement, comme il serait arrivé à la Compagnie houillère de Bessèges, en 1888 ou 1889. Alors, ou bien l'on prétendra maintenir le taux des pensions, ou bien l'on se décidera à le réduire, à moins qu'on ne prenne le parti de la liquidation.

Dans le premier cas, si l'aveuglement persiste et qu'on ne relève pas le taux des versements, le capital de garantie, d'abord constitué à un chiffre insuffisant, sera progressivement entamé jusqu'à consommation totale, et alors il faudra bien réduire les pensions d'année en année jusqu'à ce que le nombre des pensionnaires devienne constant. A ce moment, le taux de la pension sera égal au quotient du montant des versements annuels par le nombre des pensionnaires et sensiblement inférieur au taux de la pension obtenue dans une société correctement organisée. Si, au contraire, on se rend à l'évidence, et qu'on augmente le taux des versements annuels, ou bien cette augmentation sera suffisante, déterminée par un calcul exact; comme une partie des versements effectués à partir du jour de la modification reconnue nécessaire devra être consacrée à combler le déficit creusé précédemment, les sociétaires admis alors dans la caisse de retraites réorganisée obtiendront une pension moindre que si les versements augmentés étaient faits à leur nom à une caisse fonctionnant régulièrement dès le début; ou bien l'augmentation sera insuffisante, et l'on se retrouvera, après un certain délai, plus ou moins long, mais fatal, en face de la même difficulté qui a déterminé cette augmentation.

Dans le second cas, si l'on se borne à une réduction progressive des pensions, par la répartition des ressources annuelles (revenu d'un capital de garantie insuffisant et versements) entre un nombre de pensionnaires croissant chaque année jusqu'à la période de la population stationnaire, le taux final de la pension sera encore inférieur à celui qui serait obtenu dans une société de retraites se conformant aux règles scientifiques. Si l'on prend le parti d'une réduction brusque, ou bien elle sera suffisante, et, à cause de la nécessité de combler le déficit précédemment creusé, les sociétaires admis alors dans la caisse de retraites réorganisée obtiendront une pension moindre que si les versements étaient faits à leur nom à une caisse fonctionnant régulièrement dès le début; ou bien la réduction sera insuffisante, et l'on se retrouvera également, après un délai plus ou moins long, mais fatal, en face de la même difficulté qui a déterminé cette réduction.

Le fonctionnement de la loi du 9 juin 1853 sur les pensions civiles n'a pas peu contribué à répandre en beaucoup d'esprits la conception d'un roulement indéfini dispensant de la formation d'un capital de garantie. Mais les patrons, individus ou sociétés, qui croient pouvoir suivre l'exemple de l'État, feront bien d'observer : d'abord qu'ils ne sont pas éternels, et que, le jour où ils cesseront leur industrie, leur commerce, même après fortune faite, si leur caisse de retraites n'est dotée que d'un capital de garantie insuffisant ou nul, le service des pensions promises ou accordées à leur personnel sera singulièrement compromis; et ensuite que, si même ils peuvent espérer la pérennité pour leur industrie, leur commerce, il deviendra peut-être impossible, à eux-mêmes ou à leurs successeurs, sous peine de ruine, d'élever progressivement, à un chiffre double ou triple de celui qu'ils s'étaient proposé au début, la dépense nécessaire au service des pensions.

A la Compagnie houillère de Bessèges, c'est au parti de la liquidation qu'on s'est arrêté, liquidation qui a été immédiatement suivie d'une réorganisation rationnelle, fondée sur ce principe que les institutions de prévoyance d'une société industrielle « dont la vie est généralement incertaine et toujours limitée » doivent être disposées « de telle manière que l'entreprise puisse liquider ou disparaître sans léser les droits acquis, ou tout au moins tendre à se rapprocher le plus possible de cet état théorique désirable ». Heureusement, le mal n'avait pas duré assez longtemps pour devenir irrémédiable, et les retenues opérées sur les salaires depuis la création de la caisse de retraites étaient intactes au 31 décembre 1887, comme on peut s'en rendre compte en se reportant au tableau que nous avons reproduit plus haut.

Dans la liquidation de la caisse de retraites et la réorganisation de l'assurance contre la vieillesse, la Compagnie houillère de Bessèges a poussé jusqu'à la dernière limite le respect de la liberté de chacun et elle n'a rien épargné pour éclairer ses ouvriers sur leurs véritables intérêts : les notes et circulaires adressées par la Compagnie aú personnel intéressé, les procès-verbaux des assemblées tenues par les représentants élus des ouvriers, la publication de ces procès-verbaux le prouvent clairement.

Les participants à la caisse de retraites furent divisés en deux catégories à raison de leur âge : les *anciens*, âgés de plus de 35 ans, et les *jeunes*, âgés de moins de 35 ans révolus au 1ᵉʳ janvier 1888. La Compagnie mit les uns et les autres à même d'opter entre le remboursement des retenues augmentées des intérêts à 4 p. o/o, ou l'affectation de ces sommes à l'assurance contre la vieillesse, dans des conditions différentes pour les deux catégories.

La caisse de retraites des *anciens*, fondée le 1ᵉʳ janvier 1888 au profit des ouvriers et employés âgés de plus de 35 ans, qui ont tous opté pour l'affiliation à cette caisse, au nombre de 1,011, non compris 90 retraités et 33 veuves, a reçu comme apport le reliquat de la caisse créée le 1ᵉʳ janvier 1873 et dissoute le 31 décembre 1887, soit 578,320 fr. 45, après les remboursements effectués. Elle est alimentée par une retenue de 3 p. o/o sur les salaires et par une subvention de la Compagnie égale à 2 p. o/o des salaires. Le droit à la pension est acquis à 55 ans, après trente ans de service effectif. Dans le cas bien constaté d'incapacité de travail, une pension proportionnelle pourra être accordée à partir de 50 ans, à condition que le total des années d'âge et des années de service soit au moins égal à 80.

La pension est réversible pour moitié sur la tête de la veuve dès qu'elle atteint 50 ans, à condition qu'elle ait vécu régulièrement avec son mari pendant les quinze années qui ont précédé la mise à la retraite.

Le taux des pensions sera variable et fixé chaque année, d'après l'état des ressources et des charges probables, de manière à assurer à chacun des membres participants, et jusqu'au dernier, le traitement le plus équitable.

En cas de départ ou de congé avant la constatation du droit à la retraite, les ouvriers ou employés ont droit au remboursement, sans intérêt, des retenues subies de 1873 à 1887, des retenues et des subventions versées à la caisse depuis le 1er janvier 1888.

Le taux des pensions ordinaires a d'abord été fixé à 300 francs par le «grand conseil», formé du dixième des membres en activité de service. D'après les calculs faits au 1er janvier 1888, ce taux des pensions déterminera un déficit qui montera de 90,970 francs en 1914, à 955,168 francs en 1943. Mais les remboursements faits à ceux qui quittent la Compagnie avant la retraite sont avantageux à la caisse de retraites. Ces départs sont assez fréquents. Dans le Gard, le personnel des mines n'est pas exclusivement formé de mineurs de profession; «une grande partie des ouvriers vient des campagnes travailler quelques années aux mines où le salaire est élevé, soit pour acquérir un lopin de terre, soit pour acquitter une dette dégageant le patrimoine». Au 1er janvier 1889, la situation réelle de la caisse de retraites était améliorée et le déficit probable d'après les calculs faits à cette époque montera de 74,582 francs en 1914 à 905,407 francs en 1945.

Quant aux ouvriers et employés de la deuxième catégorie, c'est-à-dire âgés de moins de 35 ans au 1er janvier 1888, 585 ont opté pour le remboursement, 512 ont consacré leur part de liquidation à un premier versement, par l'intermédiaire de la Compagnie, à la Caisse nationale des retraites et consenti à subir désormais, en vue de versements périodiques, une retenue de 3 p. o/o sur le salaire, à laquelle la Compagnie ajoute une subvention égale à 2 p. o/o du salaire. Pour les 4/5 de ces 512 ouvriers prévoyants, les versements, suivant le désir qu'ils ont manifesté, sont faits à *capital réservé*. Les pensions qu'ils obtiendront varieront naturellement en raison de l'âge au premier versement, de l'âge à la jouissance et de l'importance du premier versement et des versements périodiques. Étant donné que le salaire d'un ouvrier adulte de l'intérieur ne s'élève pas à moins de 1,400 francs, on peut compter qu'avec l'aide de la Compagnie, il versera 70 francs par an en moyenne à la Caisse nationale des retraites. Moyennant ce versement annuel, l'ouvrier de 20 ans pourra se constituer à 55 ans une pension de plus de 550 francs; celui de 35 ans, qui aura fait un premier versement égal aux quinze années de retenues remboursées avec intérêts par l'ancienne caisse, obtiendra 295 francs de rente viagère.

Les ouvriers plus âgés n'auraient pu se créer une pension suffisante à la Caisse nationale des retraites. Cela explique le partage à 35 ans, entre la première et la deuxième catégorie, et la création, au profit des *anciens*, d'une caisse spéciale, qui entraînera sans doute quelque jour la Compagnie à de nouveaux sacrifices.

Pour les ouvriers et employés admis à la Compagnie après le 1er janvier 1888, la Compagnie les laisse libres de suivre à leur gré, en ce qui concerne l'assurance contre la vieillesse, la voie de la prévoyance ou de l'imprévoyance. Quelques personnes regrettent cette liberté et estiment que la Compagnie, après la liquidation libérale de la caisse fondée en 1873, aurait pu légitimement faire de l'affiliation à la Caisse nationale des retraites une condition d'embauchage.

Nous nous sommes étendu longuement sur les caisses de prévoyance de la Compagnie houillère de Bessèges. Mais nous avons pensé que l'expérience faite par cette Compagnie, où la préoccupation est grande d'améliorer le sort de l'ouvrier, pourrait être profitable à d'autres sociétés, à d'autres chefs d'industrie, réveiller ceux qui s'endorment dans de dangereuses illusions, n'ayant pas mesuré leurs bonnes intentions à l'importance des ressources dont ils peuvent disposer, indiquer à ceux qui songent à créer quelque caisse de retraite la voie dans laquelle ils doivent entrer tout d'abord, sous peine d'être obligés à rebrousser chemin et de récolter le mécontentement et la désaffection de leurs ouvriers après avoir cru semer l'apaisement des querelles sociales.

La Caisse de retraites du Bon Marché est un exemple de libéralité patronale qu'il faut admirer, mais qu'il n'est pas possible à beaucoup de patrons d'imiter. Elle est fondée au profit des employés qui ont un traitement fixe et un intérêt sur les ventes particulières qu'ils font. Elle a été dotée d'abord d'un capital de 5 millions, donnés par Mme Boucicaut sur sa fortune personnelle, et doit être alimentée par un prélèvement sur les bénéfices de la Société civile du Bon Marché, fixé provisoirement à 5 p. o/o. La quotité de la pension varie de 600 à 1,500 francs. Elle peut être accordée après vingt ans de services, à 50 ans pour les hommes, à 45 ans pour les femmes. Il y avait, en 1888, 48 pensionnaires inscrits pour 46,300 francs de rente viagère, soit 964 fr. 50 par tête en moyenne.

La Société de prévoyance et de secours mutuels des ouvriers et employés de la maison Leclaire, à raison des caractères qu'elle présente, pourrait être aussi bien rangée parmi les sociétés fonctionnant sous le régime de l'approbation ou de l'autorisation — elle est en fait approuvée — que parmi les institutions patronales. Les membres qui la composent sont les ouvriers et employés du «noyau» de la maison Leclaire (actuellement Redouly et Cie) comptant cinq ans de service non interrompus. Elle est commanditaire de la maison pour 200,000 francs et ses ressources annuelles consistent : dans l'intérêt à 5 p. o/o de sa commandite, le quart des bénéfices nets de la maison, un droit d'entrée de 20 francs, les gratifications accordées par les clients, les amendes pour infractions aux règlements. Outre les secours en cas de maladie et une assurance de 1,000 francs au décès, contractée à titre collectif à la Caisse d'assurances en cas de décès, en vertu de la loi du 11 juillet 1868, elle donne à tout sociétaire âgé de 50 ans, après vingt ans de service, une rente viagère de 1,200 francs réversible pour moitié sur la tête de la veuve ou des orphelins mineurs. L'ouvrier victime d'un accident au travail entraînant l'invalidité a également droit à la pension de 1,200 francs. La veuve ou les orphelins d'un sociétaire victime d'un accident mortel ont droit à une pension de 600 francs.

Une partie de chaque pension est constituée à capital réservé à la Caisse nationale des retraites, l'autre partie est servie directement par la Société.

La Société s'adresse périodiquement à un actuaire pour être éclairée sur sa situation exacte. D'après M. Guieysse, alors actuaire de la Compagnie l'*Union*, aujourd'hui député du Morbihan, la Société était légèrement en déficit en 1884 : le passif s'élevant à 1,579,000 francs, l'actif était inférieur de 109,369 francs. Le passif et l'actif de la Société au 31 décembre 1885 s'équilibraient ainsi qu'il suit :

Valeur des pensions en cours.	537,590f 00
Valeur des pensions différées.	1,122,215 00
Total du passif..	1,659,805 00
Report de l'actif..	1,724,064 00
Excédent de l'actif.	64,259 00

Deux titres de rente 3 et 4 1/2 p. o/o..........	115,769f 65
Fonds de retraite à la Caisse des dépôts et consignations..............	295,301 70
Fonds libres, à la Caisse des dépôts et consignations..	475,000 00
Nue propriété des capitaux réservés à la Caisse nationale des retraites......	127,228 00
Commandite dans la maison Redouly et Cie.........	200,000 00
En compte courant.......	433,888 30
En compte courant, chez Vernes et Cie..........	62,208 40
Espèces en caisse........	14,667 90
Total de l'actif.	1,724,063 95

En 1889, malgré un relèvement apporté par prudence extrême à l'évaluation des engagements de la Société, l'actif dépassait encore de 16,000 francs le passif évalué à 2,012,000 francs.

Nous ajouterons que le président de la Société de prévoyance et de secours mutuels des ouvriers et employés de la maison Leclaire est, depuis de longues années, M. Ch. Robert, directeur de l'*Union*, rapporteur de la section II de l'Économie sociale, qui sait trop bien qu'une société de secours mutuels et de retraites est en réalité une société d'assurances, pour négliger de faire dresser périodiquement l'inventaire des engagements qu'elle a contractés et des ressources dont elle dispose, de manière à connaître exactement la situation financière de la société et à modifier, s'il y a lieu, l'importance des engagements dans le sens indiqué par l'inventaire.

Nous avons dit plus haut qu'un grand nombre de patrons, individus ou sociétés, constituaient les pensions qu'ils veulent assurer à leur personnel par des versements périodiques à la Caisse nationale des retraites. Ce parti est sage : les patrons qui le suivent évitent le péril de prendre des engagements exagérés, difficiles à tenir à un moment donné, et sont débarrassés de bien des contestations avec leurs ouvriers ou leurs employés. Ceux-ci, en cas de congé ou de départ volontaire, emportent leur livret; ils peuvent, en quelque endroit du territoire français qu'ils se transportent, continuer ou suspendre les versements commencés sous la direction d'un patron prévoyant, et, lorsque l'heure de la retraite a sonné, ils apprécient la rente viagère produite par les retenues qu'ils ont subies, par les libéralités dont ils ont été l'objet et par les sacrifices qu'ils se sont imposés.

Entrer dans le détail des règlements en vertu desquels des versements sont effectués à la Caisse nationale des retraites, au profit d'ouvriers ou d'employés, n'offrirait pas un grand intérêt. Cependant, nous croyons devoir signaler, dans un des règlements que nous avons étudiés à l'exposition d'Économie sociale, une clause bizarre. Un patron que nous ne nommerons pas appelle ses ouvriers et employés à participer à ses bénéfices, en raison du nombre des années de service et à condition que le participant verse 2 p. 0/0 de ses émoluments à la Caisse nationale des retraites. Le produit de la participation est également versé, mais sous condition de réserve au profit du patron si *l'ouvrier quitte vivant la maison avant dix ans de service.* Les sommes versées à capital réservé ne sont payables qu'au décès du titulaire du livret. Comme le patron ignorera, le plus souvent, la mort de l'ouvrier parti ou congédié, il ne pourra pas présenter utilement une demande tendant au remboursement des versements effectués sous cette condition. Les ayants droit du décédé ne pourront pas non plus demander le remboursement de ces versements qui resteront finalement la propriété de la Caisse, sans profit pour le patron ni pour la famille de l'ouvrier. Nous comprenons très bien la défense, imposée par le donateur au titulaire du livret, d'aliéner les versements faits sous condition de réserve au profit des ayants droit du donataire, en vue d'assurer à ceux-ci un petit patrimoine. Mais la stipulation que nous venons de signaler nous semble peu propre à déterminer la reconnaissance du bénéficiaire pour la libéralité incomplète qui lui est faite.

INSTITUTIONS D'ASSURANCES CONTRE LA VIEILLESSE
FONCTIONNANT SOUS LE RÉGIME DE L'AUTORISATION OU DE L'APPROBATION,
COMME LES SOCIÉTÉS DE SECOURS MUTUELS.

Nous avons exposé assez longuement, dans le rapport sur la section V, les principes auxquels les sociétés de secours mutuels doivent se conformer, en ce qui concerne les pensions de retraite. Nous ne croyons donc pas utile de recommencer un exposé méthodique de ces principes, et nous nous bornerons à les rappeler, lorsque l'occasion s'en présentera, en étudiant quelques sociétés soumises au même régime légal que les sociétés de secours mutuels et ayant pour but unique ou principal d'assurer aux membres participants des ressources en cas d'invalidité résultant de la vieillesse.

Une des plus anciennes sociétés de retraites est L'Union fraternelle, société de pré-

VOYANCE MUTUELLE POUR LA CRÉATION DE PENSIONS VIAGÈRES (médaille d'or). — Elle a été fondée, le 2 décembre 1849, par un philanthrope, nommé Lambert, qui avait été pendant vingt ans administrateur de deux sociétés de secours mutuels de Paris et qui était alors manufacturier à Vuillafans, dans le Doubs. La création de cette société a donc précédé de six mois la naissance légale de la Caisse nationale des retraites, 18 juin 1850, et de dix-sept mois le fonctionnement effectif de la Caisse, dont les bureaux furent ouverts pour la première fois au public le 11 mai 1851.

L'Union fraternelle a pour but de « soustraire le vieillard et l'homme privé de ses facultés à la misère et à l'abaissement auxquels ils sont assujettis, et de compléter la série des institutions de prévoyance dont la propagation est indispensable pour obtenir une amélioration large et constante du sort des travailleurs. »

Le fondateur de la Société estimait que les caisses d'épargne et les sociétés de secours mutuels ne répondaient pas, d'une manière certaine et efficace, à la nécessité, pour la classe ouvrière, de se créer des ressources en prévision de la vieillesse; que les versements aux caisses d'épargne, privés de la puissante coopération de la mutualité, ne pouvaient produire que des résultats fort restreints; que la facilité du remboursement faisait des caisses d'épargne une institution plutôt destinée à parer aux éventualités imprévues de l'existence qu'à assurer des ressources pour les besoins de la vieillesse; que les sociétés de secours mutuels ne pouvaient avoir réellement qu'un but, *assez important du reste,* celui de parer aux cas de maladies et d'infirmités; que le petit nombre de membres dont se compose chaque société devait, en amenant des perturbations notables dans les chances de mortalité, rendre très difficile la réalisation exacte des calculs sur lesquels il faut établir les promesses de pensions; qu'il était besoin, pour l'objet en question, d'institutions spéciales, gérées gratuitement par les sociétaires eux-mêmes, et mettant à profit les prodigieuses ressources de l'accumulation des intérêts, combinée avec la répartition parfaite et complète, en faveur des survivants, des sommes laissées par des sociétaires décédés.

On n'avait pas manqué de signaler, comme un côté faible de l'œuvre de M. Lambert, le préjudice causé aux familles par l'aliénation du capital.

Un des premiers sociétaires de l'Union fraternelle, le docteur Pouget, repoussait cette objection par les raisons suivantes : la Société appelle de préférence les travailleurs peu rétribués qui ne laissent généralement rien à leurs enfants; elle ne frustre donc ceux-ci que d'une épargne qui autrement n'aurait pas été faite; si le père meurt avant l'âge, il aura la consolation de penser que « son petit capital contribuera, comme une rosée fertilisante, à augmenter le bien-être de ceux de ses frères qui pousseront plus loin leur carrière. »

C'est à la fin de 1844 que M. Lambert présenta un premier projet au Ministre de l'intérieur, avec demande d'autorisation. Ce travail fut renvoyé au Ministre des finances pour l'examen des chiffres de pensions. Un rapport fut adressé, en novembre 1845, à M. Lambert par M. Bailly, alors directeur de la Dette inscrite, concluant que le projet était trop restreint quant au nombre des sociétaires, que les pensions promises n'étaient pas établies « de manière à donner aux sociétaires de chaque âge exactement selon le montant de leurs versements, qu'il fallait, pour obtenir l'autorisation du Gouvernement, faire ces rectifications en prenant pour base des opérations mathématiques les données des tables de mortalité de Duvillard et le montant des versements capitalisés au taux d'intérêt de 4 p. o/o. »

Dans le courant des derniers mois de 1846, M. Lambert présenta un nouveau projet précisant, pour chaque âge d'entrée, la pension acquise à 60 ans, et indiquant les réductions et augmentations à faire subir aux pensions, en cas d'anticipation ou d'ajournement de la jouissance. Il reçut, en septembre 1847, un nouveau rapport concluant à la modification des statuts, de manière à les rendre plus clairs et plus concis, et au calcul de trois séries de tableaux établissant toutes les données par périodes annuelles et pour chaque âge. M. Lambert, sans se laisser rebuter par les difficultés, et plein de foi dans le succès final de l'entreprise qu'il avait généreusement conçue, commença un troisième travail et acheva, en juin 1849, les séries de tarifs qui sont annexés aux statuts de l'Union fraternelle et qui ne présentent pas moins de 189 tableaux. Mais il dut renoncer à obtenir l'autorisation par ordonnance, qui lui avait été d'abord promise, et profita des dispositions de la loi du 20 juillet 1840 pour fonder l'Union fraternelle moyennant une simple autorisation du Préfet de police. Aujourd'hui l'*approbation* est plus aisée à obtenir qu'autrefois l'*autorisation par ordonnance,* et il n'est plus nécessaire d'annexer aux statuts soumis à l'*approbation* des tarifs mathématiquement calculés.

La Société est établie par actions qui peuvent être prises depuis la naissance jusqu'à 70 ans. « Pour favoriser le travailleur, même le moins rétribué », elle accorde la faculté de ne prendre qu'une demi-action. « Pour les personnes qui le désirent, il est loisible de prendre plusieurs actions. »

Pour être admis dans l'Union fraternelle, il faut être présenté par deux sociétaires attestant la probité et la moralité du candidat, produire l'acte constatant la date de naissance, verser un droit de souscription de 3 francs par action, plus 1 franc contre la remise des statuts et du règlement.

Chaque action peut être soldée : 1° par cotisation de 3 francs par mois; 2° par anticipation, à condition de payer en une fois la valeur de trois années de cotisations au moins; 3° par un seul versement, à partir de la cinquantième année, pour acquérir une pension viagère immédiate.

Chaque action acquiert à son titulaire, âgé de plus de 20 ans, une pension viagère, et, à celui qui est âgé de moins de 20 ans, un capital nécessairement réversible, dans la vingt et unième année, sur une action productive de pension.

Le sociétaire qui, outre le droit de souscription de 3 francs et le prix des statuts et règlements de 1 franc, a versé en une ou plusieurs fois la somme de 36 francs, a des droits imprescriptibles à une pension. Il n'y a de déchéance que pour le sociétaire dont les versements sont restés au-dessous de 4o francs. Dans le cas de cessation de payement, après une ou plusieurs années de cotisations, la pension acquise par les versements ne continue pas moins de s'accroître par l'accumulation des intérêts et l'effet de la mortalité.

Tout sociétaire dont la pension a atteint le minimum de 6o francs de rente peut la réclamer à tout âge; au-dessous de ce chiffre elle ne peut lui être délivrée qu'à 6o ans, à moins qu'il ne soit infirme et sans moyens d'existence.

Le but de l'institution n'étant pas de favoriser la spéculation, le maximum de la pension a été fixé à 1,200 francs et le maximum du capital constitué avant 20 ans, à 10,000 francs.

La Société accorde au conjoint, ou, à son défaut, aux héritiers légitimes de tout sociétaire ayant des droits acquis par trois années de cotisations ou par l'équivalent en un ou plusieurs versements, et de tout pensionnaire décédé, contre la remise de l'acte de décès, un don funéraire de 5o francs, lorsque les actions du décédé sont productives de pension, et de 25 francs, lorsqu'elles sont productives d'un capital.

Il ne serait pas sans intérêt d'étudier l'organisation administrative de l'*Union fraternelle;* la division de la Société en fractions (il y avait, au 31 décembre 1889, dix fractions à Paris et trois fractions dans le Doubs); le fonctionnement du bureau particulier de chaque fraction, composé de cinq administrateurs annuels, électifs et rééligibles, auxquels sont adjoints des receveurs appelés chaque trimestre par ordre de tour; l'obligation pour tout sociétaire actif (du sexe masculin, majeur, à l'exception des ecclésiastiques et des militaires) de remplir les fonctions qui lui sont dévolues, sauf amende ou payement d'un droit de refus; le fonctionnement de l'administration centrale, composée de tous les administrateurs annuels des fractions établies à Paris; enfin la comptabilité. Nous nous bornerons cependant à exposer le mode de formation des tarifs [1], l'établissement et les résultats de la situation quinquennale.

M. Lambert a d'abord dressé une table présentant aux différents âges des nombres de survivants proportionnels (1 p. 5oo) à ceux de la première table de Duvillard, fixant la mortalité avant l'établissement de la vaccine. Puis il a modifié méthodiquement ces nombres de manière à réduire la probabilité annuelle de décès à chaque âge. M. Lambert pensait éviter ainsi tout mécompte et donner pleine sécurité à l'institution. Les situations quinquennales prouvent que le ralentissement apporté par M. Lambert à la mortalité probable était insuffisant. Mais il ne faut pas oublier qu'il a été guidé par l'administration dans ce choix malencontreux d'une table à mortalité rapide. On ignorait alors généralement que les combinaisons d'assurances en cas de vie doivent être basées sur une table à mortalité lente, et, en 1850, le projet du Gouvernement

---

[1] Nous avons puisé dans une brochure, imprimée en 1850, chez Guiraudet et Jouaust, que M. Hénault, président actuel de la Société, nous a gracieusement communiquée, les renseignements relatifs aux préoccupations qui ont déterminé M. Lambert à fonder l'Union fraternelle, aux difficultés qu'il a rencontrées, aux avis qui lui ont été donnés par l'administration et à la marche qu'il a suivie pour calculer les tarifs.

portant création de la Caisse nationale des retraites proposait d'adopter une moyenne
entre la table de Duvillard et celle de Déparcieux. La table de Déparcieux fut adoptée
sur la proposition de la Commission et sur les conclusions de M. Benoist d'Azy, rapporteur, et l'on sait que l'emploi de cette table, présentant une mortalité beaucoup
plus lente que le biomètre de Duvillard, a été onéreux à la Caisse nationale des retraites.

M. Lambert calcula ensuite le prix d'une rente viagère de 1 franc à chaque âge. Il
est :

A 21 ans, d'après M. Lambert, de.. 17^f 37; d'après le tarif 4 p. o/o C. R., de. 18^f 94
— 30 — 16 03; — 17 83
— 40 — 14 29; — 15 90
— 50 — 12 00; — 13 32
— 60 — 9 33; — 10 32
— 70 — 6 61; — 7 05
— 80 — 4 37; — 4 26

Ces premières bases posées, écrit l'auteur, *j'ai opéré comme si la Société eût existé. Je l'ai fait vivre
sur le papier pendant cinquante ans, en prenant pour point de départ l'âge de 20 ans; j'ai fait cotiser
les 978 vivants à cet âge, et de leurs versements d'un an (39 francs chaque, y compris les 3 francs
de droit de prise d'action) s'élevant à* .... 38,142^f 00
*j'ai retranché, pour onze décès devant avoir lieu dans le cours de cette première
année sur le nombre de 978 sociétaires, la somme de* 550 00

restitués aux familles, à raison de 50 francs par décès. Il reste 37,592 00
auxquels j'ai ajouté l'intérêt à 4 p. o/o 1,503 68

ce qui forme un total réalisé au bout de l'année de 39,095 68
servant à fixer la pension acquise pour chacun des 967 sociétaires restants.

A cette somme j'ai ajouté les cotisations de la seconde année, produites par les 967 cotisables restant du groupe primitif de 978, et, après en avoir retranché 600 francs pour douze décès, j'ai totali-
sé et ajouté l'intérêt produit par cette somme totale, ce qui m'a donné le capital réalisé au bout de
deux ans et servant de même à fixer le chiffre de la pension des 955 sociétaires restants.

En agissant ainsi, d'année en année, j'ai complété le premier tableau de la série B pour les prises
d'action de 20 à 21 ans. Suivant la même marche pour chaque âge, j'ai établi ladite série B donnant
le capital réalisé d'année en année par les sociétaires de chaque âge de réception ou de prise d'action.
Ce travail préparatoire étant fait, il ne restait plus, pour terminer cette série, qu'à diviser le capital
réalisé à la fin de chaque année par le nombre de sociétaires restant également à la fin de chaque
année, pour obtenir le capital appartenant à chacun d'eux, et ensuite à diviser ce capital individuel
par la somme nécessaire à chaque âge pour avoir droit à 1 franc de pension viagère. Cette dernière
opération donne la pension acquise.

Les deux autres séries de tableaux, la première (série A) s'appliquant aux payements par anticipation et la troisième (série C) s'appliquant aux cessations de payement, ont nécessité, à quelques
différences près, le même travail que pour la série B.

Les actuaires emploient, pour dresser les tarifs d'assurances sur la vie, des mé-
thodes plus expéditives, mais pas plus correctes, que la méthode suivie par M. Lambert.

Le tableau ci-après indique les pensions acquises à différents âges par une cotisation annuelle de 36 francs d'après les tarifs de l'Union fraternelle et d'après le tarif actuel de la Caisse nationale des retraites :

ÂGES au PREMIER VERSEMENT.	50 ANS.		55 ANS.		60 ANS.		66 ANS.	
	U. F.	4 p. o/o C. R.	U. F.	4 p. o/o C. R.	U. F.	4 p. o/o C. R.	U. F.	4 p. o/o C. R.
	fr. c.	fr. c.	fr. c.	fr. c.	fr. c.	fr. c.	fr. c.	fr. c.
20 ans..............	246 40	188 71	408 83	298 30	709 92	488 34	"	850 91
25 ans..............	173 05	136 21	293 08	220 33	515 51	366 23	973 30	644 59
30 ans..............	116 88	94 78	204 44	158 81	336 60	269 87	700 25	481 77
35 ans..............	74 16	62 03	137 03	110 16	253 39	193 68	492 65	353 04
40 ans..............	41 97	36 17	86 21	71 76	168 05	133 53	336 15	251 42
45 ans..............	17 94	15 84	48 31	41 58	104 37	86 26	219 40	171 55
50 ans..............	"	"	20 39	18 05	57 48	49 40	133 40	109 28
55 ans..............	"	"	"	"	23 70	21 13	71 47	61 52
60 ans..............	"	"	"	"	"	"	28 59	25 83

Le fondateur de l'Union fraternelle, estimant que la table de mortalité adoptée représentait la mortalité même des sociétaires que l'Union devait grouper, considérant qu'il avait négligé dans ses calculs les ressources accessoires, amendes, contributions administratives, que les fonds publics produiraient un revenu supérieur à 4 p. o/o, avait conçu l'espoir que les pensions fixées par les tarifs pourraient être successivement augmentées. Les augmentations devaient être déterminées en raison des résultats des situations quinquennales, après formation d'une réserve complémentaire égale à 15 p. o/o du total des réserves individuelles, calculées d'après les tarifs de la Société.

Il n'est pas inutile d'indiquer brièvement de quelle manière on calcule, à l'Union fraternelle, les réserves individuelles, en reproduisant trois calculs réels faits en vue de la situation quinquennale au 31 décembre 1889.

M. M., né en juillet 1838, a souscrit deux actions au mois d'octobre 1881, à l'âge de 43 ans, et n'a pas interrompu ses versements jusqu'au 31 décembre 1889. Il avait alors 51 ans. D'après le tableau de la série B, relatif à «l'action prise de 43 à 44 ans», la pension acquise par M. M., après huit ans de versements, s'élevait à 32 fr. 28 par action, soit 64 fr. 56 pour deux actions. A 51 ans, le prix d'une annuité viagère de 1 franc est 11 fr. 75, et le prix d'une pension de 64 fr. 56, ou la réserve individuelle de M. M., est 64 fr. 56 × 11 fr. 75 = 758 fr. 58.

M. N. a cessé ses versements en juin 1866, à l'âge de 25 ans. La pension acquise à ce moment s'élevait à 15 fr. 66. D'après le tableau de la série C, relatif à «la cessation de payement de 25 à 26 ans », chaque franc de la pension de 15 fr. 66 doit être augmenté de 4 fr. 41, en raison de l'effet combiné de la capitalisation des intérêts et de la mortalité pendant vingt-quatre ans, de 25 à 49 ans. Au 31 décembre 1889, M. N. avait donc droit à une pension égale à 15 fr. 66 × 4 fr. 41 + 15 fr. 66 = 84 fr. 72. Le prix de cette pension, ou la réserve que l'Union devait constituer, afin de la payer à M. N. s'il s'était présenté le 1er janvier 1890, est de 84 fr. 72 × 12 fr. 25 = 1,037 fr. 82.

M. P., pensionnaire depuis 1885, pour 245 fr. 20, avait 64 ans au 31 décembre 1889. La réserve individuelle de M. P. est 245 fr. 20 × 8 fr. 22 = 2,015 fr. 54.

Le total des réserves individuelles ainsi calculées est le *passif* de la Société.

Depuis quinze ans, d'après les inventaires périodiques, il est inférieur à l'*actif*. Les espérances de M. Lambert ne se sont donc pas réalisées; mais sa prudence n'a pas été mise en défaut. Les situations quinquennales font apparaître un déficit au lieu du bénéfice espéré; mais elles permettent à la Société d'enrayer le mal causé par l'adoption d'une table à mortalité excessive, en imposant aux pensions, *statutairement*, une réduction proportionnelle au déficit signalé. On peut dire cependant que l'Union fraternelle, si remarquable d'ailleurs, aurait obtenu un succès, un développement bien plus considérables, si les tarifs avaient été établis d'après une table à mortalité plus lente que la mortalité réelle des sociétaires, ce qui aurait eu pour conséquence de faire apparaître un bénéfice à chaque situation quinquennale et d'augmenter les pensions promises au lieu de les réduire.

Le tableau ci-après indique le nombre des sociétaires à la fin de chaque période quinquennale, depuis 1859, et les résultats des situations périodiques.

ANNÉES.	SOCIÉTAIRES.	ACTIF.	PASSIF.	EXCÉDENT.	DÉFICIT.
		fr. c.	fr. c.	fr. c.	fr. c.
1859....................	623	189,060 41	162,041 88	27,018 53	"
1864....................	734	324,422 11	304,634 70	19,787 41	"
1869....................	841	491,563 28	489,960 22	1,603 06	"
1874....................	982	638,696 73	657,725 53	"	19,028 80
1879....................	1,049	824,741 01	853,516 85	"	28,775 84
1884....................	1,617	1,105,963 58	1,141,652 86	"	35,689 28
1889....................	1,920	1,567,623 21	1,641,865 27	"	74,242 66

Autrefois, il n'entrait dans le portefeuille de la Société que des rentes sur l'État qui produisaient, de 1859 à 1869, un revenu de 4 1/2 p. o/o environ, supérieur au taux du tarif. De plus, l'actif était évalué à raison de 100 francs pour 4 francs de rente, ou à raison de 375 francs par 15 francs de rente, c'est-à-dire à un prix plus élevé que la valeur réelle. Ces deux causes ont d'abord concouru à compenser le déficit résultant de l'emploi de la table de Duvillard dans les tarifs. Mais peu à peu les pertes dues à la longévité réelle des sociétaires plus grande que la longévité prévue ont absorbé, puis dépassé, ces bénéfices de revenu et d'évaluation. En 1889, le déficit se serait élevé à plus de 145,000 francs si l'on n'avait apporté une modification, plausible d'ailleurs, à l'évaluation de l'actif.

Lorsque la Société a commencé à acheter des obligations de chemins de fer, on a continué, à chaque situation quinquennale, à compter ces obligations pour une valeur fixe de 375 francs. Le trésorier de l'Union fraternelle remarquant, avec raison, que les obligations jouissent de deux revenus, l'un patent, constaté par le payement des coupons, l'autre latent, qui détermine la hausse progressive des obligations à mesure que l'on se rapproche du terme final de l'amortissement, a proposé de substituer à l'évaluation des obligations au prix invariable de 375 francs une évaluation croissante. Son système d'évaluation n'est pas d'une exactitude absolue, en comparaison du calcul que ferait un actuaire; mais les résultats qu'il obtient ne diffèrent pas assez de l'évaluation exacte au taux de 4 p. o/o, pour fausser sensiblement la valeur de l'actif et la situation de la Société. La plus-value ainsi obtenue sur 2,972 obligations que possédait l'Union fraternelle au 31 décembre 1889 s'élève à 71,662 francs.

En résumé, les tarifs de l'Union fraternelle sont calculés d'après une table présentant une mortalité trop rapide. Le choix de la table de Duvillard ne saurait être reproché à M. Lambert, à la mémoire de qui la Société garde une juste vénération. D'ailleurs, les conséquences de l'adoption de cette table sont heureusement corrigées par l'établissement périodique et mathématique de la situation financière de la Société.

L'Union fraternelle ne compte aucun membre honoraire; elle ne reçoit aucune subvention; elle est administrée avec la plus stricte économie. Les dépenses administratives ne comprennent que le loyer, l'éclairage, l'entretien du local où est établi le siège de la Société, les affranchissements, les imprimés, les livres et les registres, à l'exclusion de tous frais de perception et de comptabilité.

La Prévoyance commerciale (médaille d'or), «caisse de retraites pour les employés des deux sexes de tous les commerces compris sous la dénomination générale de *nouveautés* et industries s'y rattachant», a été fondée à Paris le 30 novembre 1880 et approuvée par arrêté du Ministre de l'intérieur en date du 24 décembre 1885. «Elle a pour but d'assurer à ses membres participants, lorsqu'ils auront atteint l'âge de 45 ans, une pension de retraite dont la quotité sera fixée chaque année, d'après le mode de répartition proportionnelle établi par les statuts.»

Les membres participants doivent payer : 1° un droit d'entrée de 10 francs; 2° une cotisation mensuelle, variable avec l'âge d'entrée, ainsi que l'indique le tableau ci-dessous :

ÂGE	NOMBRE		MONTANT	ÂGE	NOMBRE		MONTANT
À L'ADMISSION.	D'ANNÉES de versement.	de COTISATIONS mensuelles.	de la COTISATION.	À L'ADMISSION.	D'ANNÉES de versement.	de COTISATIONS mensuelles.	de la COTISATION.
			fr. c.				fr. c.
20 ans......	25	300	3 00	28 ans......	17	204	5 35
21 ans......	24	288	3 15	29 ans......	16	192	5 85
22 ans......	23	276	3 35	30 ans......	15	180	6 40
23 ans......	22	264	3 60	31 ans......	14	168	7 05
24 ans,.....	21	252	3 85	32 ans......	13	156	7 80
25 ans......	20	240	4 15	33 ans......	12	144	8 70
26 ans......	19	228	4 50	34 ans......	11	132	9 70
27 ans......	18	216	4 90	35 ans......	10	120	11 00

Les sociétaires admis après 35 ans sont assimilés aux sociétaires admis à 35 ans.

Ces cotisations, réglées dès l'origine de la Société, avant qu'elle soit entrée dans la voie scientifique, en supposant que les douze cotisations mensuelles d'une année sont payables en une fois et d'avance, produisent à 45 ans, d'après la table de mortalité de la Caisse nationale des retraites et le taux 4 p. o/o, des rentes viagères qui ne sont pas absolument égales, mais qui diffèrent assez peu du chiffre de 120 francs, pour qu'on ait jugé inutile de modifier le tarif des cotisations.

La pension de retraite de chaque sociétaire participant se compose de deux parties : la *rente fixe,* s'élevant à 120 francs, et la *rente variable,* déterminée chaque année d'après les résultats de l'inventaire, en raison de l'excédent de l'actif sur le passif.

Le passif, ou, pour employer l'expression usitée à la Prévoyance commerciale, le *capital ordinaire,* est calculé chaque année à l'aide de trois tableaux que M. Ramé, ancien trésorier de la Société, a très judicieusement déduits du tarif 4 p. o/o C. R. en usage à la Caisse nationale des retraites depuis le 1er janvier 1888.

Le tableau A, dont nous reproduisons ci-dessous un extrait, donne le montant de la partie de la *rente fixe* acquise, d'année en année, à chaque membre participant :

ÂGE	AUGMENTATION PROGRESSIVE DE LA RENTE FIXE.				MONTANT DE LA RENTE FIXE à 45 ans.	
À L'ADMISSION.	25 ans.	30 ans.	35 ans.	40 ans.	Statutaire.	Exact.
	fr. c.	fr. c.	fr. c.	fr. c.	francs.	fr.
20 ans...................	11 12	26 15	46 95	76 47	120	121 24
25 ans...................	"	16 57	39 49	72 04	120	116 78
30 ans...................	"	"	26 59	64 36	120	118 11
35 ans...................	"	"	"	48 53	120	118 78

Un exemple fera comprendre la méthode suivie par M. Ramé pour calculer le tableau A, à l'aide du tarif 4 p. o/o C. R.

D'après le tableau n° 3 de ce tarif, le versement annuel de 1 franc à capital aliéné, commencé à l'âge de 20 ans, assure à 50 ans une rente viagère de.... 5^f 3170
le même versement, commencé à 45 ans........................ 0 5152

Le versement annuel de 1 franc, de 20 ans à 45 ans exclusivement, assure donc à 50 ans une rente viagère égale à la différence................. 4 8018

Moyennant une cotisation annuelle de 36 francs, la rente à 50 ans sera $4,8018 \times 36 = 172^f 8648$.

D'après le tableau n° 1 du tarif 4 p. o/o C. R., un versement unique de 1 franc à 45 ans assure à 50 ans une rente de 0 fr. 0971. Pour assurer une rente de 172 fr. 8648, il faudrait verser, en une fois, à 45 ans, 172 fr. 8648 : 0 fr. 0971 = 1,780 fr. 28. Cette somme est donc la valeur à 45 ans des 25 cotisations annuelles de 36 francs payées depuis l'âge de 20 ans.

Comme la rente viagère de 1 franc à 45 ans est de 0 fr. 0681, la rente viagère de 1,780 fr. 28 est de 1,780 fr. 28×0 fr. 0681 = 121 fr. 24.

Que l'exécution de ces calculs soit longue et pénible, nous en conviendrons volontiers; mais elle n'exige pas d'autre science que la connaissance des quatre règles de l'arithmétique. Cependant, la Direction générale de la Caisse des dépôts et consignations rendrait un grand service aux hommes soucieux d'établir sur des fondements scientifiques les opérations des associations créées en vue de la retraite et leur simplifierait singulièrement le travail qu'ils sont amenés à entreprendre, en publiant les « calculs préparatoires » ou les « tables de commutation » des tarifs de la Caisse nationale des retraites.

Le tableau B, dressé depuis l'âge de 45 ans jusqu'à 65 ans inclus, fixe d'année en année, à compter de la cessation du payement de la cotisation mensuelle, l'augmentation acquise par l'ajournement de l'entrée en jouissance de la rente fixe.

ÂGE A LA JOUISSANCE.	NOMBRE D'ANNÉES d'ajournement.	AUGMENTATION PAR FRANC de la rente fixe.	MONTANT DE LA RENTE ajournée.
			fr. c.
45 ans............................	//	//	120 00
50 ans............................	5	0.4258	171 10
55 ans............................	10	1.1191	254 30
60 ans............................	15	2.3208	398 50
65 ans............................	20	4.6067	672 80

Le tableau C, déduit par division du tableau n° 4 annexé à la notice sur la table de mortalité de la Caisse nationale des retraites, publiée en mars 1889 dans la *Revue des institutions de prévoyance*, donne à chaque âge, depuis 21 ans jusqu'à 100 ans, la valeur d'une annuité viagère de 1 franc.

Nous avons donné quelques-uns de ces chiffres (p. 51) en regard des valeurs calculées par M. Lambert au taux 4 p. o/o d'après la table de Duvillard.

Étant donnés :

D'après le tableau A, la portion de rente fixe acquise à chaque sociétaire par les cotisations payées depuis l'âge d'admission jusqu'à l'âge au moment de l'inventaire ;

D'après le tableau B, le montant de la rente ajournée acquise, en raison de l'âge à l'inventaire, à chaque sociétaire qui a renoncé à toucher la rente fixe à laquelle il a droit, afin de l'accroître ;

La rente fixe inscrite au nom d'un pensionnaire,
il est facile de calculer les réserves individuelles en multipliant respectivement chaque portion de rente fixe, chaque rente ajournée, chaque rente inscrite par la valeur de l'annuité viagère de 1 franc correspondant à l'âge à l'inventaire des membres cotisants, ajournés ou pensionnaires.

Le total des réserves individuelles est le « capital ordinaire » ou le passif de la société. Au 31 décembre 1888, il s'élevait à 1,199,869 fr. 98 pour 2,001 sociétaires. L'actif était alors de 1,363,137 fr. 02, et dépassait le passif de 163,267 fr. 04, soit de 13.607 p. o/o.

Cet excédent provient de plusieurs sources. La société fait appel au concours des membres honoraires. Les chefs des magasins de nouveautés sont les soutiens naturels et les bienfaiteurs généreux de la Prévoyance commerciale. Elle donne aussi des fêtes, des bals productifs. De plus, aux résultats de la mortalité naturelle, viennent s'ajouter les profits provenant des démissions et radiations.

Comme elle est approuvée, elle verse ses fonds à la Caisse des dépôts et consignations qui leur alloue annuellement un intérêt supérieur de 1/2 p. o/o au taux des tarifs statutaires, et elle reçoit des subventions du Gouvernement.

Ces ressources extraordinaires, ces profits secondaires, cet excédent de revenu, sont essentiellement variables ; ils peuvent diminuer, disparaître même ! Ils n'en ont pas moins constitué jusqu'à ce jour un bénéfice certain dont les sociétaires ont le droit de demander le partage.

Ce partage est mathématiquement effectué par l'attribution à chaque sociétaire d'une rente supplémentaire déterminée en raison de l'excédent de l'actif de la société sur son passif, constaté par les inventaires annuels. Le « capital ordinaire » est le total des comptes individuels, composés : pour chaque sociétaire cotisant ou ajourné, des cotisations qu'il a versées, des intérêts accumulés au taux de 4 p. o/o, et des bénéfices de la mortalité naturelle depuis son entrée dans la société jusqu'à la date de l'inventaire ; pour chaque pensionnaire, de la valeur, en raison de son âge à l'inventaire, des arrérages de la rente fixe qu'il doit toucher sa vie durant. L'écart entre l'actif social et le total de ces comptes est le « capital extraordinaire ». La société donne donc à chaque sociétaire exactement ce à quoi il a droit, et tout ce qu'elle peut donner, en augmentant les comptes individuels dans le rapport du « capital extraordinaire » au «capital ordinaire» ou, ce qui revient au même, en ajoutant à la rente fixe une rente proportionnelle aux bénéfices.

Il nous reste à signaler une particularité qui indique avec quelle habileté la Prévoyance commerciale est administrée. Elle avait, au 31 décembre 1888, 1,266,291 fr. 40 déposés aux «fonds libres» à la Caisse des dépôts et consignations, et 96,044 fr. 52 seulement aux «fonds de retraites». Un intérêt de faveur de 4 1/2 p. o/o est alloué à l'un et l'autre fonds. Les sommes versées aux «fonds libres» sont disponibles; les sommes versées aux «fonds de retraites» sont indisponibles, et ne peuvent être retirées que pour être versées à la Caisse nationale des retraites, où elles ne produisent plus intérêt qu'au taux de 4 p. o/o seulement. D'autre part, c'est en raison des versements faits aux «fonds de retraites» que les subventions du Gouvernement sont distribuées. La Prévoyance commerciale ne dédaigne pas cette aubaine. Elle fait donc chaque année un versement aux «fonds de retraites», mais elle se garde bien de dépasser la somme nécessaire pour obtenir le maximum de la subvention qui peut lui être accordée, et conserve la disponibilité de la plus grande partie de son avoir, de manière à l'employer au mieux de ses intérêts, en cas de réduction du taux alloué par la Caisse des dépôts et consignations aux fonds des sociétés de secours mutuels approuvées. La plupart des associations admises à la faveur de déposer leur avoir à la Caisse des dépôts et consignations, suivant généralement une conduite tout opposée, ont leur actif, pour la plus grande partie, indisponible aux «fonds de retraites».

Le mot *passif*, employé pour désigner le montant des *réserves mathématiques*, ou la valeur nette des engagements d'une société mutuelle, cause une véritable frayeur à beaucoup de mutualistes. A la Prévoyance commerciale, on a substitué le terme «capital ordinaire». La Fraternelle (médaille d'argent), «caisse de retraites de la bijouterie, de la joaillerie, de l'orfèvrerie et des industries qui s'y rattachent», n'a pas remarqué qu'une situation financière est boiteuse, qui fait apparaître seulement l'actif, et s'est bornée à exposer dans la section VI des documents indiquant en résumé :

Le nombre des sociétaires au 31 mars 1889, 1,319 dont 75 pensionnaires; le capital de la société, 563,670 fr. 36, soit 427 fr. 35 par tête en moyenne; la quotité de la pension variant de 58 à 71 francs.

Cela suffisait à indiquer, mais non à prouver, que la situation de la société était satisfaisante. Nous avons pu constater, sur des documents qui nous ont été communiqués après la clôture de l'Exposition, que la Fraternelle faisait dresser périodiquement son inventaire par un actuaire et qu'à la pension fixe, calculée d'après les tarifs de la Caisse nationale des retraites, était ajoutée une rente variable, proportionnelle à l'excédent de l'actif sur le passif correctement évalué.

La Caisse de retraite des ouvriers de Sedan (médaille d'or), bien qu'elle ne fonctionne pas à l'aide de tarifs aussi correctement calculés que ceux de l'Union fraternelle et de la Prévoyance commerciale, est dans une situation satisfaisante.

Elle a été fondée en 1849 sous le patronage du conseil municipal de Sedan, qui n'a pas cessé de la soutenir par des subventions s'élevant depuis 1881 à 1,000 francs par an. Elle compte également des membres honoraires, dont le concours annuel atteint environ 2,000 francs. Mais elle a toujours préféré l'indépendance aux avantages attachés à « l'approbation » et même à « la reconnaissance d'utilité publique » proposée par le Gouvernement impérial.

Les limites d'âge d'entrée dans la société sont 21 ans et 36 ans. L'âge d'admission à la pension est fixé uniformément à 51 ans. La cotisation statutaire est de 2 francs par mois, soit 24 francs par an. C'est l'annuité, payable en fin d'année, qui peut constituer en trente ans, de 21 à 51 ans, au taux de 4 p. o/o, un capital de 1,400 francs. Les sociétaires entrant après 21 ans ne sont tenus de payer que la cotisation mensuelle de 2 francs; ils peuvent élever leur cotisation jusqu'au montant de l'annuité capable de produire, à intérêts composés au taux de 4 p. o/o, depuis leur entrée jusqu'à l'âge de 51 ans, ledit capital de 1,400 francs.

En cas de décès avant l'âge de 51 ans, le capital versé est remboursé, sans intérêts, à la veuve ou aux orphelins.

A partir de 51 ans révolus, chaque sociétaire touche une rente viagère égale à 11 p. o/o de son compte, formé par ses cotisations capitalisées à 4 p. o/o. La pension correspondant au capital maximum de 1,400 francs est donc de 154 francs. En cas de décès du retraité, la pension est réversible pour moitié sur la tête du conjoint survivant ou des orphelins âgés de moins de 12 ans.

On peut donc dire que la Caisse de retraites des ouvriers de Sedan est fondée sur le principe de la réserve du capital jusqu'à l'âge de la retraite, de l'aliénation à partir de la retraite, avec réversibilité de la pension pour moitié.

Les comptes rendus annuels ne relatent qu'un nombre très restreint de radiations pour cause de non-payement des cotisations, et donnent à croire que la société est très indulgente pour les retardataires.

Au 31 décembre 1888, l'actif de la société, représenté par des obligations foncières, des obligations de chemins de fer, *comptées au prix d'achat*, d'une petite somme en numéraire ou à la Caisse d'épargne, s'élevait à.. 691,160' 87

Le passif est divisé en plusieurs chapitres :

Le compte des sociétaires, au nombre de 570, composé des cotisations et des intérêts accumulés à 4 p. o/o.......................... 216,884 25

Le compte des pensionnés, au nombre de 243, composé des comptes individuels, cotisations et intérêts accumulés, tels qu'ils ont été arrêtés au moment de l'admission à la retraite................ 279,983 37

A reporter..................... 496,867' 62

Report......................	496,867ᶠ 62
Le compte des demi-pensionnés, au nombre de 40, formé de la moitié des comptes des conjoints décédés, tels qu'ils ont été arrêtés lors de l'admission de ceux-ci à la retraite......................	21,062 83
Le compte de réserve, alimenté par les subventions et les dons, par les comptes individuels, en totalité ou en partie, des démissionnaires, des radiés et des décédés..................	173,230 42
TOTAL égal à l'actif..............	691,160 87

C'est au moyen des intérêts du compte de réserve et d'un prélèvement sur le capital même de ce compte que la Société obtient le supplément de 7 p. o/o nécessaire pour compléter les pensions à 11 p. o/o des comptes des pensionnés et demi-pensionnés. A intervalles irréguliers, des sociétaires calculateurs s'assurent, en tenant compte de la mortalité observée dans la Société, inférieure à la mortalité de la table de Déparcieux, que le compte de réserve pourra faire face, pendant une période de quinze ans, aux charges auxquelles il est destiné, et être à la fin reconstitué par les crédits qui lui sont affectés chaque année.

Les procédés suivis par la Caisse de retraite des ouvriers de Sedan ne conduisent pas, à notre avis, à des résultats aussi certains que ceux que donne un inventaire dressé d'après des tarifs analogues aux tableaux régulateurs de la Prévoyance commerciale, par exemple, mais ils ont suffi pour éviter à la Société de se laisser entraîner à distribuer des pensions exagérées.

Parmi les associations créées en vue de constituer des rentes viagères, la section VI en comprenait plusieurs dont l'utilité ne nous paraît pas clairement démontrée et qui, pour avoir négligé de dresser des inventaires périodiques régulièrement calculés, causeront sans doute de graves mécomptes à leurs membres participants.

Les employés des administrations de l'État sont assurés contre la vieillesse en vertu de la loi du 9 juin 1853. Moyennant une retenue de 5 p. o/o sur leurs traitements et du premier douzième de toute augmentation, ils reçoivent, lorsqu'ils remplissent les conditions d'âge et de services déterminées par la loi, une pension de retraite réversible pour un tiers profit de la veuve survivante ou des orphelins âgés de moins de 21 ans. S'ils meurent prématurément, les veuves, les descendants, les ascendants qu'ils laissent perdent tout le bénéfice des retenues obligatoires. C'est le système de la tontine pure, avec tous les défauts que la pratique du livret individuel, à la Compagnie d'Assurances générales, a mis en évidence d'une manière saisissante.

Les Compagnies françaises de chemins de fer ont également organisé depuis longtemps l'assurance contre la vieillesse au profit de leurs agents commissionnés. Les règlements relatifs aux pensions de retraites présentent, d'une compagnie à l'autre, quelques différences, surtout en ce qui concerne : le taux des retenues opérées sur le trai-

tement des agents, le taux des subventions accordées par les compagnies, l'appropria-
tion des retenues et des subventions à la constitution des pensions.

Le tableau ci-après résume les différences que nous avons constatées en étudiant les
règlements en vigueur au mois de *septembre 1890.*

COMPAGNIES.	RETENUES.	SUBVENTIONS.	APPROPRIATION	
			DES RETENUES.	DES SUBVENTIONS.
	p. o/o [1].	p. o/o [3].		
Est	3	8	Versées à la Caisse de retraites de la compagnie.	Versées à la Caisse de retraites de la compagnie.
Lyon	4	6		
Midi	3 [2]	8 1/2		
État	5 [2]	5		
Ouest	4 [2]	5	Versés à la Caisse nationale des retraites pour la vieillesse.	
Nord	3	9		
Ceinture	4	9	″	Versées à la Caisse nationale des retraites pour la vieillesse.
Orléans	Néant.	10		

[1] Du traitement mensuel.
[2] Et le premier douzième d'augmentation.
[3] Du traitement soumis à la retenue.

Généralement l'agent commissionné âgé de 55 ans, qui compte vingt-cinq ans de
service, a le droit de demander sa mise à la retraite. La pension est fixée à la moitié
du traitement moyen des six dernières années; elle est augmentée de 1/60 ou de
1/50 par année au delà de cette double limite d'âge et de durée de services, et ne
peut dépasser les deux tiers du traitement moyen sur lequel elle est basée.

A la Compagnie du Nord, la limite d'âge est abaissée à 50 ans, la durée réglemen-
taire des services, pour les agents du service actif, réduite à vingt années, et la pension
égale à 1/80 du traitement moyen des six dernières années pour chaque année de service accomplie sans interruption.

La plupart des compagnies se réservent le droit de mettre à la retraite d'office et
par anticipation les agents qui ont atteint l'âge de 50 ans et qui comptent vingt ans de
services.

Les pensions des agents mis à la retraite d'office oscillent généralement entre un
minimum égal aux deux cinquièmes du traitement moyen des six dernières années de
service et un maximum égal au minimum de la pension accordée après 55 ans d'âge et
vingt-cinq ans de service.

Les agents que des blessures reçues ou des infirmités prématurées, contractées dans
le service, mettent en état d'incapacité de travail, obtiennent, le plus souvent, une
pension proportionnelle au nombre d'années de services, alors même que la responsabilité de la Compagnie n'est pas engagée.

IMPRIMERIE NATIONALE.

Les pensions sont réversibles pour moitié sur la tête de la veuve survivante ou des orphelins mineurs, lorsque le mari était retraité, ou qu'il avait des droits acquis à la retraite, ou qu'il pouvait être mis à la retraite d'office, ou enfin lorsqu'il a été victime d'un accident mortel en service.

Les sommes versées à la Caisse nationale des retraites sont la propriété de l'agent au nom de qui les versements ont été effectués, sous les conditions de réserve ou d'aliénation choisies par lui; mais elles ne font jamais retour à la Compagnie, même lorsqu'elles proviennent de sa libéralité. C'est le versement à capital réservé qui est généralement choisi.

Les retenues versées aux caisses de retraite des compagnies sont également la propriété de l'agent qui les a subies, et, en cas de démission, de congé ou de décès, elles sont remboursées, avec ou sans intérêts, à l'agent ou à ses ayants droit.

La condition des agents commissionnés des chemins de fer français, au point de vue de la prévoyance obligatoire, est donc meilleure que celle des fonctionnaires et employés de l'État, pour qui les déchéances résultant du décès prématuré, de la démission ou de la révocation, sont complètes. Mais ni les uns ni les autres ne sont assurés contre la mort prématurée, et, pour les uns comme pour les autres, la création d'associations fondées sur le principe de la réversion au profit des ayants droit des décédés d'une petite partie de l'épargne des survivants, réversion qui a pour effet de compenser le développement que l'épargne, même capitalisée, ne peut prendre qu'avec l'aide du temps, nous paraîtrait plus urgente et d'une plus haute portée morale que la création d'associations ayant pour but d'ajouter une pension, d'ailleurs médiocre, à la pension de retraite assurée par la loi ou par les règlements des compagnies.

Le fonctionnement de ces sociétés, d'une utilité contestable, laisse à désirer, au point de vue technique.

L'ASSOCIATION AMICALE DES EMPLOYÉS DE L'ADMINISTRATION CENTRALE DU MINISTÈRE DES FINANCES (médaille d'argent), société de secours, prêts et pensions, a été fondée le 5 décembre 1869 et reconnue comme établissement d'utilité publique par décret du 10 janvier 1876.

Les sociétaires sont tenus de payer un droit d'entrée de 10 francs et une cotisation mensuelle de 2 francs.

L'Association accorde des pensions aux membres titulaires qui, au moment de la mise à la retraite administrative, ont fait partie de la Société depuis vingt ans au moins. Les sociétaires mis à la retraite avant vingt ans de participation doivent continuer à payer la cotisation mensuelle jusqu'à ce qu'ils aient satisfait à cette disposition (art. 25).

Les pensions sont réversibles pour un tiers sur la tête de la veuve ou des orphelins mineurs (art. 26).

La veuve ou les orphelins mineurs d'un sociétaire décédé après vingt ans de participation au moins ont droit à une pension proportionnelle au tiers du nombre des cotisations versées par le décédé (art. 26). C'est un bien léger progrès sur la loi de 1853 qui fixe à trente ans de service le temps après lequel le fonctionnaire ou l'employé laisse à sa veuve et à ses enfants des droits à une pension. Mais le principe tontinier sur lequel est fondée l'Association n'en subsiste pas moins.

Les membres fondateurs ont pu être admis à la pension après dix ans de participation seulement.

D'après l'article 30 du règlement intérieur de 1885, corrigé en 1889, «les ressources affectées annuellement au service des pensions se composent des 19/20 :

«1° Des intérêts produits pendant l'année précédente par les fonds placés;

«2° De la moitié des cotisations dues et encaissées pendant la même période;

«3° Des sommes restées disponibles sur le fonds des secours et frais généraux.

«Le vingtième non réparti est versé au capital.

«Toutefois ces ressources ne seront entièrement distribuées qu'en 1910. Jusqu'à cette époque, et à partir du 1er janvier 1890, il ne sera d'abord attribué que 40/60, l'année suivante 41/60, et ainsi de suite jusqu'en 1910.

«Art. 31. Les fonds appliqués chaque année au payement des pensions sont répartis entre les pensionnaires existant au 1er janvier de ladite année proportionnellement au nombre des cotisations versées par chacun d'eux.

«Les veuves et les orphelins sont considérés comme ayant effectué le versement du tiers du nombre des cotisations versées par leur mari ou leur père.

«Art. 32. Toutes les ressources énoncées à l'article 30 ne seront entièrement distribuées que lorsque le nombre des pensionnaires sera égal ou supérieur au septième du nombre des sociétaires participants au 31 décembre. Dans le cas contraire, la somme à répartir sera déterminée en divisant le montant des ressources par le septième du nombre des sociétaires et en multipliant le résultat obtenu par le nombre des pensionnaires, chaque veuve étant comptée pour un tiers. »

Telle était, à la fin de l'année 1889, la formule en usage à l'Association amicale du Ministère des finances pour la détermination des pensions, ou plutôt des *dividendes annuels* à répartir entre les pensionnaires. Il est nécessaire de faire apparaître quelques-unes des conséquences qui en découlent.

Examinons d'abord la situation respective de deux sociétaires présentant une différence d'âge de dix ans, entrés dans l'Association la même année et admis à la pension, l'un à 55 ans, l'autre à 65 ans, après la même durée de participation, vingt ans par exemple. Si l'on calcule, d'après diverses tables de mortalité, la rente viagère revenant à chacun d'eux, on trouve des chiffres absolus qui diffèrent d'une table à l'autre, mais dont les rapports sont sensiblement égaux :

PARTICIPATION.	RENTES VIAGÈRES ACQUISES par un versement annuel de 24 francs, d'après le taux de 4 p. o/o et la table			RAPPORT DES RENTES CI-CONTRE d'après la table		
	de la Caisse des retraites.	de Déparcieux.	de Duvillard.	de la Caisse des retraites.	de Déparcieux.	de Duvillard.
	fr. c.	fr. c.	fr. c.	fr. c.	fr. c.	fr. c.
De 45 à 65 ans...............	114 36	120 67	146 27	1 55	1 55	1 60
De 35 à 55 ans...............	73 44	77 56	91 35			

Le plus âgé des deux pensionnaires, parce qu'il a couru de plus grandes chances de mortalité et qu'il présente de moindres chances de survie, devrait donc avoir un dividende annuel dépassant de 55 p. o/o à 60 p. o/o le dividende attribué au plus jeune. D'après la formule de l'Association amicale du Ministère des finances ils obtiendront tous deux un dividende égal.

Si maintenant l'on compare deux sociétaires admis à la retraite au même âge, 65 ans par exemple, et comptant l'un quarante ans, l'autre vingt ans de participation, on constate que le dividende annuel attribué au premier, dans le système de l'Association, est le double du dividende attribué au second, tandis qu'il en est à peu près le quadruple, dans le système des tarifs mathématiques.

PARTICIPATION.	RENTES VIAGÈRES ACQUISES par un versement annuel de 24 francs, d'après le taux de 4 p. o/o et la table			RAPPORT DES RENTES CI-CONTRE d'après la table		
	de la Caisse des retraites.	de Déparcieux.	de Duvillard.	de la Caisse des retraites.	de Déparcieux.	de Duvillard.
	fr. c.	fr. c.	fr. c.	fr. c.	fr. c.	fr. c.
De 25 à 65 ans...............	429 72	470 24	648 87	3 75	3 89	4 43
De 45 à 65 ans...............	114 36	120 47	146 27			

Que l'on avance que, dans un jeu équitable, le gain de chaque joueur doit être en raison directe de sa mise, et en raison inverse des chances favorables que lui donne la définition même du jeu proposé, tout le monde en demeurera d'accord. Que l'on dise, en matière d'assurances, que la rente viagère doit être d'autant plus élevée que les chances de mort, depuis l'origine du contrat jusqu'à la retraite, sont plus grandes, et les chances de survie, à partir de la retraite, plus petites, on l'accordera encore, s'il s'agit de souscrire une police à une compagnie d'assurances ou de faire des versements à la Caisse nationale des retraites. Cela ne passera pas sans protestations s'il est question des pensions auxquelles s'engage une association amicale, et l'on objectera qu'une telle association peut s'écarter de la voie indiquée par les principes scientifiques, parce qu'elle est fondée sur la mutualité et sur la solidarité. Mais la mutualité et la statistique ne sont pas inconciliables.

M. A. Chaufton a démontré excellemment que « l'assurance est la compensation des effets du hasard sur le patrimoine de l'homme par la mutualité organisée suivant les lois de la statistique[1] »; et il nous semble que la mutualité et la solidarité sont en même honneur à « l'Union fraternelle » et à la « Prévoyance commerciale » que dans les autres sociétés de retraite. Les tarifs de ces deux sociétés tendent en réalité à mesurer, à l'aide d'un *mètre* uniforme, dans la formation duquel les cotisations, les chances de mortalité et le taux d'intérêt 4 p. o/o sont mathématiquement combinés, les droits et avantages relatifs de chaque sociétaire; ce sont les inventaires périodiques qui déterminent les droits et avantages absolus, en augmentant ou en réduisant les parts relatives, mesurées à l'aide des tarifs, suivant la proportion dans laquelle le total des parts relatives est supérieur ou inférieur à l'actif de la société.

Admettons, pour un instant, que l'on puisse, dans la mesure des droits et avantages relatifs des membres participants d'une société de retraite, négliger les effets de la mortalité et de la capitalisation des intérêts, et ne tenir compte que du nombre des cotisations, d'après la formule en usage à l'Association amicale du Ministère des finances à la fin de l'année 1889. Il semble, en conséquence, qu'un sociétaire ayant versé 240 cotisations en vingt ans devrait, à de légers écarts près, causés par les variations des bénéfices de l'Association, obtenir une pension deux fois plus grande que la pension accordée au sociétaire qui n'a versé que 120 cotisations en dix ans.

Mais l'instabilité est un des caractères distinctifs des sociétés où l'on suit les procédés empiriques au lieu de se conformer aux principes scientifiques. En géométrie, il n'y a qu'un plus court chemin d'un point à un autre : c'est la ligne droite; mais il y a un nombre infini de chemins plus longs. En matière d'assurances, il n'y a également qu'une bonne voie : c'est celle qu'indiquent les tarifs mathématiques et les inventaires périodiques; si l'on prend une autre voie, on se perd bientôt dans un véritable labyrinthe, et, pour changer de sentier, de formule, on ne change pas cependant de misère.

A l'Association amicale du Ministère des finances, plusieurs formules ont précédé la formule de 1889, et le taux des pensions, exprimé en fonction du montant ou du nombre des cotisations versées, a varié dans des proportions considérables.

En 1880, deux pensionnaires qui comptaient dix ans de participation et avaient versé 120 cotisations de 2 francs, soit 240 francs au total, ont touché un premier dividende de 423 fr. 50. En 1890, un sociétaire admis à la retraite après vingt ans de participation, ayant versé 240 cotisations à 2 francs, soit 480 francs au total, a touché un premier dividende de 220 francs; pour être traité de la même manière que les pensionnaires de la première promotion, il aurait dû toucher un premier dividende de 847 francs égal à 220 × 3,85.

Le taux des premiers dividendes était manifestement exagéré. Le taux fixé pour 1890 est encore excessif. Mais, pour élucider cette question, il convient de donner le

[1] *Les assurances, leur passé, leur présent, leur avenir*, par Albert Chaufton, ouvrage couronné par l'Institut, t. Ier, p. 347.

tableau des recettes et des dépenses de l'Association depuis la création jusqu'au 31 décembre 1888, et quelques indications sur le mouvement du personnel:

RECETTES.		DÉPENSES.	
Droits d'entrée	8,796f 00	Frais généraux	16,817f 01
Cotisations	199,879 00	Secours	24,645 88
Dons	657 95	Pensions	25,645 12
Restitutions (?)	4,915 00	Prêts effectués	47,635 00
Prêts effectués	47,635 00	Prêts remboursés	43,145 00
Prêts remboursés	43,145 00	Application de cotisations anticipées	1,933 00
Divers	1,698 36	TOTAL	159,821 01
Cotisations anticipées	2,036 00	Actif au 31 décembre 1888	207,358 16
Intérêts et primes de remboursement	58,416 86		
TOTAL	367,179 17	TOTAL ÉGAL	367,179 17

On compte 1,028 admissions dans la société, 365 sorties — 81 par décès, 136 par démission et 153 par radiation — et 663 sociétaires au 31 décembre 1888.

Le capital moyen par tête de sociétaire est donc 312 fr. 75, tandis qu'il s'élève à 816 fr. 47 dans l'Union fraternelle, à 681 fr. 25 dans la Prévoyance commerciale, à 829 fr. 72 dans la Caisse de retraite des ouvriers de Sedan. Cette première indication, peu précise à la vérité, donne à penser que l'Association amicale mange « son blé en herbe ». De plus, cette société supporte des frais généraux s'élevant à 8 p. o/o des recettes primaires — droits d'entrée, cotisations et dons — elle accorde des secours, des réversibilités de pensions; elle perd les intérêts des sommes employées en prêts. L'Union fraternelle dont l'administration est très économique, qui n'accorde que des dons funéraires très modestes, qui emploie intégralement ses fonds en valeurs productives d'intérêts, qui a pu, pendant longtemps, faire des placements au taux de 4 1/2 p. o/o, aurait donné une pension de 139 francs (146 fr. 27 — 146 fr. 27 × 0,05) sans réversibilité, en supposant qu'il ait été admis à la retraite à 65 ans, au sociétaire qui a touché un premier dividende de 220 francs en 1890.

On objectera que les démissions et les radiations sont, pour l'Association amicale, une source de profits qui n'existent pas à l'Union fraternelle.

Mais la Prévoyance commerciale qui profite également des démissions et des radiations, qui a en plus le bénéfice de donations considérables, des subventions du Gouvernement et du taux de faveur de 4 1/2 p. o/o, alloué par la Caisse des dépôts et consignations aux fonds libres et aux fonds de retraite des sociétés approuvées, et qui s'applique uniquement à servir des pensions sur une seule tête, constate, au 31 décembre 1888, qu'elle peut majorer ses pensions, en raison de ses profits accessoires, de 13.6 p. o/o seulement. Cette majoration, appliquée à la rente viagère de 114 fr. 36 acquise par une prime annuelle de 24 francs, de 45 ans à 65 ans, d'après le tarif

4 p. o/o C. R., l'élèverait à 130 francs seulement, au lieu de 220 francs, premier dividende, en 1890, du nouveau pensionnaire de l'Association amicale du Ministère des finances.

L'illusion qui règne dans cette société est résumée dans la phrase suivante : « La base inébranlable de l'Association consiste dans l'inaliénabilité de son capital. » Mais si l'on compare le total des recettes primaires, 211,368 fr. 95, avec l'actif au 31 décembre 1888, 207,358 fr. 16, on constate que le principe de l'inaliénabilité du capital n'est respecté qu'à 4,010 fr. 79 près, par défaut. De plus, dans les sociétés correctement organisées, où le capital de garantie doit cesser de s'accroître lorsque la période de la population constante sera arrivée, c'est-à-dire soixante-dix ou soixante-quinze ans, au plus tôt, après la fondation, on s'inquiète non seulement de ne pas entamer d'abord les recettes primaires, mais encore de consacrer à l'accroissement du capital de garantie, pendant longtemps, une partie importante des revenus de ce capital.

Si l'on rapproche le montant des sommes dépensées en secours, 24,645 fr. 88, du nombre des décès, 81, on peut d'abord être entraîné à penser que chaque décès a été suivi d'une allocation moyenne de 304 fr. 27 aux ayants droit des décédés.

Mais en 1889 il est survenu 8 décès ; les secours se sont élevés à 1,084 fr. 40 qui se composent de : 300 francs, attribués à une veuve et à une mère de sociétaires ; 450 francs, employés au payement de frais funéraires ; 49 fr. 40, appliqués à compléter à des veuves les pensions inférieures à 50 francs ; 285 francs, enfin, représentant le montant d'obligations de prêts reconnus irrécouvrables.

Les prêts peuvent avoir quelque utilité ; mais généralement les facilités offertes pour les emprunts encouragent la dissipation.

Il reste à signaler une particularité de l'Association amicale du Ministère des finances, particularité qui lui a concilié la bienveillance du jury de l'Économie sociale : c'est l'organisation de cours destinés à préparer les employés admis dans le personnel du Ministère des finances, à la suite de « l'examen B » (les expéditionnaires), aux épreuves de l'examen supérieur qui leur ouvre l'accès aux grades élevés.

L'Association de prévoyance des employés civils de l'État (mention honorable) a été fondée au mois de janvier 1881, dans le but :

« 1° De constituer en faveur des sociétaires, de leurs veuves, ou de leurs orphelins mineurs, une pension absolument distincte de celle de l'État ;

« 2° De venir en aide, par des secours, aux veuves et aux orphelins des sociétaires. »

Les sociétaires sont tenus de payer une cotisation mensuelle dont le taux est fixé à 5 francs pour la première année de participation et à 3 francs pour les années suivantes.

La formule des pensions, dont le service doit commencer le 1er janvier 1891, est indépendante de tout taux de capitalisation et des chances de mortalité. Comme elle est de la même espèce que la formule usitée à l'Association amicale du Ministère des finances, il n'est pas nécessaire de l'examiner ; ce serait une répétition.

Nous nous bornerons à donner le tableau des recettes et des dépenses et le mouvement du personnel depuis la création de l'Association jusqu'au 31 décembre 1888 et à présenter deux citations :

RECETTES.		DÉPENSES.	
Cotisations des sociétaires..............	1,262,466' 00	Frais d'administration..	74,187' 60
Cotisations des honoraires..............	1,950 00	Secours.............	40,000 00
		TOTAL.......	114,187 60
Divers.............	11,898 95	Valeurs en portefeuille..	1,376,782 10
Dons.............	1,387 40	Solde en caisse........	15,166 37
Amendes...........	6,410 20	TOTAL......	1,506,136 07
Intérêts et primes de remboursements........	222,023 52		
TOTAL......	1,506,136 07		

SOCIÉTAIRES.	INSCRITS.	NULS.	DÉMISSION-NAIRES.	DÉCHUS.	DÉCÉDÉS.	ENSEMBLE des SORTIES.	RESTANTS au 31 DÉCEMBRE 1888.
Fondateurs.........	3,983	174	201	305	323	1,003	2,980
Non fondateurs......	1,565	65	112	121	45	343	1,222
ENSEMBLE.....	5,548	239	313	426	368	1,346	4,202

La première citation est tirée du discours prononcé par le président du comité d'initiative à l'assemblée générale constitutive du 1er mai 1881 :

En dehors de ce but, combler la différence existant entre les besoins réels du pensionnaire et le chiffre trop restreint de sa retraite, il en est un autre qu'une association comme la nôtre ne pouvait écarter : je veux parler de l'assistance à la veuve ou aux orphelins mineurs, en dehors de la part de pension qui leur est attribuée.

Qui de nous, Messieurs, ne s'est trouvé témoin des circonstances bien critiques qui accompagnent, trop souvent, hélas! la disparition du chef de la famille? Adoucir, matériellement du moins, les angoisses de ce moment, est un devoir de solidarité que nous avons inscrit dans nos statuts. Il a reçu, j'en suis convaincu, votre approbation unanime.

La deuxième citation est tirée du rapport présenté par le secrétaire général, au nom du Conseil d'administration, à l'assemblée générale ordinaire du 6 mai 1889 :

.....Sans doute, il est bien pénible de ne pouvoir soulager toutes les infortunes qui se présentent. Mais nous avons la conscience d'avoir rempli très largement notre devoir en accordant, en six ans, pour 40,000 francs de secours alors que les versements des décédés ne dépassent pas 63,312 francs; il nous sera permis d'ajouter qu'en matière de mutualité, comme en matière de finances, il faut consulter avant tout la raison; les considérations de sentiment, si elles venaient à prévaloir, fausseraient toutes les combinaisons sur lesquelles est fondée l'entreprise et ne tarderaient pas, sinon à amener la ruine, du moins à compromettre gravement les résultats que l'on s'est proposé d'atteindre.

La deuxième citation ne ressemble guère à la première, et elle reflète des sentiments tout opposés à ceux qu'ont montrés les membres de la Caisse des pensions de la Compagnie d'Assurances générales, au moment du décès d'un certain malheureux garçon de bureau.

L'Association fraternelle des employés et ouvriers des chemins de fer français (médaille de bronze) a été fondée le 17 juin 1880 dans le but (art. 1er des statuts) :

1° D'assurer à ses membres fondateurs et titulaires des deux sexes une pension de retraite réversible en cas de décès sur la tête de l'époux survivant, des orphelins de père et de mère, des enfants naturels reconnus ou des mères veuves;

2° De fournir aux membres titulaires des secours éventuels à prélever sur des fonds spéciaux. La société n'accorde pas de secours pour cause de chômage.

L'Association fraternelle est ouverte à tous les ouvriers et employés des chemins de fer français, commissionnés ou non, remplissant les conditions suivantes : être Français ou naturalisé Français; être âgé de 18 ans au moins et de 45 ans au plus; présenter une commission régulière, un livret d'ouvrier ou un certificat justifiant de la présence depuis six mois au moins dans une compagnie française. Les sociétaires ayant quitté les compagnies après dix-huit mois de service peuvent continuer à faire partie de l'association.

La société a pris un rapide développement; elle a reçu, jusqu'au 31 décembre 1888, l'adhésion de 53,933 membres. Mais les décès et surtout les démissions et les radiations ont réduit à 36,994 membres l'effectif de l'Association.

Ce nombreux personnel est réparti en 88 groupes locaux ou sections, divisés en six classes, d'après leur importance.

ORDRE DES CLASSES.	IMPORTANCE DES SECTIONS.	NOMBRE PAR CLASSE	
		DE SECTIONS.	DE SOCIÉTAIRES.
I	1,501 sociétaires et au-dessus................................	3	5,737
II	1,001 à 1,500................................	6	7,131
III	501 à 1,000................................	11	7,430
IV	201 à 500................................	38	12,313
V	101 à 200................................	25	3,687
VI	51 à 100................................	5	414
	Sociétaires isolés................................	"	282
	Totaux................................	88	36,994

Les sections de l'Association fraternelle ne sont comparables que de loin aux *lodges* des *Originaux de l'Unité de Manchester* ou aux *courts* de l'*Ancien Ordre des Forestiers*. Ce sont des groupes administratifs organisés en vue de faciliter le recouvrement des cotisations, le payement des arrérages de pensions, des secours, etc., et d'en préparer le contrôle. Ce sont également des circonscriptions électorales, chaque section devant nommer, suivant sa classe, un ou plusieurs délégués à l'assemblée générale. L'assemblée générale des délégués des sections, au nombre de 117 pour 1889, se réunit au moins une fois par an à Paris, pour entendre les rapports du conseil d'administration et de la commission de contrôle sur la situation financière et morale de l'Association, approuver les comptes de l'exercice clos, voter le budget de l'exercice suivant et remplacer les membres sortants du conseil d'administration et de la commission de contrôle.

Il s'en faut de beaucoup que les sections, en tant qu'unités administratives ou comptables, fonctionnent avec une régularité absolue. Les rapports annuels du trésorier et de la commission de contrôle constatent de nombreux retards dans l'envoi des bordereaux de recettes et de dépenses, des irrégularités dans l'établissement des pièces de comptabilité, etc. Il convient d'ajouter qu'il a fallu, pour ainsi dire, improviser cette organisation, et que le conseil fait d'énergiques efforts pour en simplifier et en régulariser le fonctionnement. Sans nous arrêter plus longtemps à la description de l'administration, nous passons à l'examen du système des pensions et des secours.

Les sociétaires doivent payer un droit d'entrée de 3 francs et une cotisation mensuelle : pour la retraite, de 1 franc au minimum et de 10 francs au maximum, sans fraction de franc; pour le fonds de secours, de 0 fr. 10 par franc de la somme versée pour la retraite, jusqu'à concurrence de 0 fr. 50 au maximum; pour les frais généraux, de 0 fr. 10.

Tout membre titulaire a droit à la liquidation de sa retraite à partir de 50 ans, après cinq ans de versements effectifs. En cas de blessures ou d'infirmités prématurées entraînant une incapacité absolue de travail, la pension pourra être liquidée avant 50 ans, à condition que le sociétaire compte au moins cinq ans de participation.

En cas de décès d'un sociétaire retraité ou ayant droit à la retraite, sa pension est réversible pour moitié au profit de l'époux survivant, des orphelins âgés de moins de 18 ans, ou de la mère veuve si elle vivait à la charge du décédé.

En cas de décès d'un sociétaire après cinq ans de versements, les ayants droit qui viennent d'être désignés pourront opter entre le remboursement de la moitié des cotisations versées pour la retraite par le sociétaire décédé ou une pension proportionnelle à la moitié de son compte.

Les pensions sont servies conformément à un tarif annexé aux statuts. Il est revisable tous les cinq ans, mais dans aucun cas les droits acquis ne pourront être diminués (art. 13 des statuts). Le tableau ci-dessous permet de le comparer avec le tarif actuellement en usage à la Caisse nationale des retraites, le versement annuel étant de 12 francs, à *capital aliéné, sans réversibilité:*

ÂGES au PREMIER VERSEMENT.	50 ANS.		55 ANS.		60 ANS.		65 ANS.	
	A. F.	4 p. o/o C. R.	A. F.	4 p. o/o C. R.	A. F.	4 p. o/o C. R.	A. F.	4 p. o/o C. R.
	fr. c.	fr. c.	fr. c.	fr. c.	fr. c.	fr. c.	fr. c.	fr. c.
20 ans............	91 25	62 90	141 20	99 43	222 95	162 78	368 45	283 64
25 ans............	63 30	45 40	100 20	73 44	160 50	122 08	268 05	214 86
30 ans............	42 45	31 59	69 50	52 94	113 90	89 95	193 00	160 59
35 ans............	26 85	20 67	46 60	36 72	79 05	64 56	136 90	117 68
40 ans............	15 20	12 05	29 50	23 92	53 00	44 51	95 00	83 80
45 ans............	6 50	5 26	16 70	13 86	33 55	28 75	63 70	57 18
50 ans............	"	"	7 15	6 02	19 00	16 46	40 30	36 42
55 ans............	"	"	"	"	8 10	7 04	22 85	20 50
60 ans............	"	"	"	"	"	"	9 75	8 61

Les calculateurs de l'Association fraternelle ont déterminé de telles pensions, malgré les conditions de réversibilité et de réserve partielle, parce qu'ils ont établi leurs tarifs sur une table de mortalité moyenne entre la table de Duvillard et la table de Déparcieux et « sur un taux de capitalisation de 6 p. o/o et un taux d'intérêts d'annuités de 7 p. o/o » (assemblée générale des délégués de 1888, séance du 17 mars).

Nous avons de bonnes raisons de penser que la mortalité, parmi les membres de l'Association fraternelle, est sensiblement plus lente que ne l'indique la table adoptée par les calculateurs des tarifs. Dans une société de retraites, spéciale aux employés et ouvriers de la Compagnie d'Orléans, nous avons constaté, de 1865 à 1878, 157,375 années d'existence et 1,857 décès. Le nombre des décès, calculé sur le nombre des années d'existence observées à chaque âge, aurait dû être, d'après la table de Déparcieux, de 2,130, soit 273 décès en plus, et, d'après la table de la Caisse nationale des retraites, de 1,677, soit 180 décès en moins.

S'il était vrai que la mortalité de l'Association fraternelle fût aussi rapide que se le figurent les assurés mêmes, cela ne devrait-il pas leur suggérer l'idée que l'assurance en cas de décès est, pour eux, encore plus nécessaire, sinon plus facile, que pour les membres d'une population à mortalité plus lente?

Pour ce qui est du taux de capitalisation de 6 p. o/o, ce sont les raisons suivantes qui l'ont fait adopter. Pendant plusieurs années l'on a réparti, entre les comptes ouverts pour ordre aux sociétaires actifs au 31 décembre, un dividende dont la masse est formée :

1° Par les revenus du capital de l'Association employé en rentes sur l'État, en obligations foncières et en obligations de chemins de fer; en 1887, d'après le rapport du trésorier, le revenu a été de 3.267 p. o/o du capital;

2° Par le montant des sommes devenues disponibles par suite des démissions ou des radiations; en 1887, cette partie du dividende a été de 2.674 p. o/o;

3° Par les cotisations des membres honoraires, les dons manuels, etc., soit 0.11 p. o/o en 1887.

De 1881 à 1887, les résultats d'ensemble ont été les suivants :

1881-1882...........	5.10 p. o/o	1885...............	7.07 p. o/o
1883...............	6.14 p. o/o	1886,..............	5.37 p. o/o
1884..............	5.93 p. o/o	1887...............	6.07 p. o/o

La différence entre le nombre des adhésions (53,933), depuis la fondation de l'Association fraternelle, et le nombre des sociétaires participants au 31 décembre 1888 (36,994), atteint le chiffre de 16,939, soit 31.40 p. o/o des adhésions. Nous ne savons pas, par les documents de l'Association, la composition de ce chiffre en décès et en radiations pour cause de démission et de cessation de payement des cotisations. En supposant que le nombre des décès a été, chaque année, égal à 2 p. o/o du nombre des membres présents au 1er janvier, soit 2,200 environ, ce qui serait considérable, il resterait au compte des radiations un total de 14,700 environ. Cela donne à penser que le recrutement de l'Association fraternelle n'a pas été exempt d'indiscrétion, et il serait intéressant de connaître à quelle catégorie d'agents des compagnies appartiennent les victimes des déchéances statutaires.

Les ouvriers payés à la journée ne sont pas généralement assurés d'une retraite en vertu des règlements des compagnies. La préoccupation de garantir leur vieillesse contre la misère est donc, chez eux, naturelle. Mais ils sont souvent nomades; après avoir travaillé pendant plusieurs mois dans un atelier, dans un dépôt de machines d'une compagnie, et commencé là à verser leurs cotisations à l'Association fraternelle, ils se transportent ailleurs et sont embauchés dans quelque atelier ou usine qui ne tient en rien à l'industrie des chemins de fer. Par négligence, par difficulté d'opérer le versement des cotisations mensuelles, ils se mettent bientôt dans le cas d'être déchus, et l'Association fraternelle, moins libérale que les compagnies, ne restitue rien au sociétaire démissionnaire, déchu pour défaut de payement pendant douze mois consécutifs, ou exclu, à moins qu'il n'ait été licencié ou qu'il n'ait démissionné d'une compagnie avant dix-huit mois de présence (art. 22 et 23 des statuts). Ils feraient donc mieux de porter à la Caisse nationale des retraites l'épargne réalisée en vue de l'assurance contre la vieillesse. Les versements à la Caisse nationale peuvent être faits chez tous les receveurs des postes, chez tous les percepteurs des contributions directes, c'est-à-dire sur tous les points du territoire français, et l'interruption des versements n'entraîne aucune déchéance.

Mais les regrets que nous avons déjà plus d'une fois exprimés, à l'occasion des clauses de déchéance relevées dans les statuts de beaucoup de sociétés de retraite, sont bien superflus. Ces clauses sont le développement logique du principe fondamental de toute tontine. La mort élimine ceux qui sont mal armés de santé, de vigueur physique, dans la « lutte pour la vie »; la démission, la radiation éliminent ceux qui sont mal armés de persévérance. Nous laisserons donc ces considérations morales sur la question des déchéances pour passer à l'examen mathématique des résultats financiers qu'elles peuvent donner.

Pendant les huit premières années d'existence de l'Association fraternelle le nombre absolu des démissions et radiations a été considérable, et aussi l'importance relative des sommes abandonnées par les démissionnaires et les radiés en comparaison du capital de l'Association. Mais ce capital s'accroît rapidement et aussi le revenu des valeurs dans lesquelles il a été employé, de telle sorte que le rapport du revenu au capital, c'est-à-dire le taux d'intérêt sur lequel la société peut compter, reste égal à 3 1/2 ou 3 1/4 p. o/o. Au contraire, lorsque l'enthousiasme du début, bientôt suivi de lassitude, se sera calmé, et que l'Association fraternelle ne recrutera plus que des sociétaires décidés à y rester affiliés, le nombre annuel des démissions et des radiations, ainsi qu'il arrive dans toutes les sociétés, tendra à devenir constant, ainsi que les sommes abandonnées par les démissionnaires et les radiés, de telle sorte que le rapport de ces profits constants au capital ira en décroissant jusqu'à devenir minime en comparaison du taux du revenu réel.

Il n'est pas inutile de donner quelques indications sur les effets comparés de la mortalité et des déchéances par démission ou radiation. Elles résultent de l'expérience de la Société de prévoyance des ouvriers et employés de la Compagnie d'Orléans. Cette société a recruté, de 1865 au 31 décembre 1888, 17,885 adhésions et a compté, dans la même période, 3,671 démissions et radiations et 1,857 décès. Les sorties se répartissent ainsi qu'il suit, en raison de la durée de participation des sortants :

PARTICIPATION.	DÉCÈS.	DÉMISSIONS et RADIATIONS.	PARTICIPATION.	DÉCÈS.	DÉMISSIONS et RADIATIONS.
1re année	78	1,411	Report	1,209	3,629
2e année	101	772			
3e année	114	477	14e année	91	12
4e année	113	294	15e année	104	
5e année	97	212	16e année	71	
6e année	94	136	17e année	65	30
7e année	92	108	18e année	70	
8e année	96	71	19e année	59	
9e année	72	40	20e année	60	//
10e année	86	36	21e année	36	//
11e année	90	28	22e année	40	//
12e année	87	23	23e année	31	//
13e année	89	21	24e année	26	//
A reporter	1,209	3,629	Totaux	1,857	3,671

OBSERVATION. — Le total des décès se décompose ainsi :

Sociétaires { cotisants 1.391

           { pensionnaires 466

                    TOTAL 1,857

Le nombre des démissions et des radiations diminue donc rapidement à mesure que la durée de la participation augmente. Aussi la somme moyenne par démission ou radiation, formée d'un petit nombre de cotisations auxquelles s'ajoutent les intérêts de deux ou trois années seulement, est-elle peu importante. Les décès, à partir de la huitième année, l'emportent en nombre sur les autres sorties, et la somme moyenne, par décès, formée d'un plus grand nombre de cotisations et d'intérêts accumulés pendant une plus longue période, ne laisse pas que d'être considérable.

Dans la société dont nous parlons, depuis la fondation jusqu'au 31 décembre 1888, le montant des cotisations, *sans intérêts,* abandonnées par les démissionnaires et les rayés, s'est élevé à 319,738 fr. 76, soit 87 fr. 10 en moyenne pour chacune des 3,671 déchéances; le montant des cotisations, *sans intérêts* également, abandonnées par les sociétaires décédés avant la retraite, a atteint 438,917 fr. 29, soit 315 fr. 54 en moyenne pour chacun des 1,391 décès prématurés. La différence entre ces deux moyennes serait encore bien plus grande si les intérêts à ajouter aux cotisations depuis le versement jusqu'à la sortie du sociétaire cotisant avaient été calculés.

Si l'on divise l'existence de la Société de la Compagnie d'Orléans en deux périodes, de 1865 à 1878 et de 1879 à 1888, on constate les résultats suivants :

DÉSIGNATION.	COTISATIONS ABANDONNÉES		MOYENNE PAR ANNÉE.	
	par LES DÉCHUS.	par LES DÉCÉDÉS.	DÉCHÉANCES.	DÉCÈS.
	fr. c.	fr. c.	fr. c.	fr. c.
1re période (quatorze ans)................	136,396 34	130,824 77	9,742 60	9,344 60
2e période (dix ans)....................	183,342 42	308,092 52	18,334 24	30,809 25

De la comparaison de ces chiffres, incomplets d'ailleurs, puisqu'il n'est pas tenu compte des intérêts accumulés, on peut conclure que, si les profits résultant des démissions et des radiations croissent encore à mesure qu'une société de retraite avance en âge, c'est avec une moindre rapidité que les profits résultant des décès, et l'on sait que l'effet d'une mortalité moyenne, dans l'établissement d'un tarif de rentes viagères, est équivalent à un taux d'intérêt de 1 p. 0/0.

La pratique des inventaires périodiques rendrait évidente l'exagération des tarifs de l'Association fraternelle; mais il ne semble pas que la société soit décidée à entrer dans cette voie salutaire, et la clause de l'article 13 des statuts : « Dans aucun cas les droits acquis ne pourront être diminués », aura pour effet de rejeter sur les nouveaux sociétaires toutes les pertes causées par l'exagération des tarifs, en leur imposant des réductions auxquelles échapperont les premiers adhérents.

L'Association fraternelle possède également un fonds de secours alimenté, comme on l'a vu plus haut, par une cotisation spéciale, variant de 1 fr. 20 à 6 francs par an. Jusqu'à la fin de 1883, il n'avait été fait aucun prélèvement sur ce fonds, qui s'élevait à 99,709 fr. 90. A partir du 1er janvier 1884, il fut décidé qu'il serait alloué, en cas de maladie, après vingt jours d'incapacité, une indemnité quotidienne « égale à la moitié des cotisations spéciales versées pendant les douze mois ayant précédé celui dans lequel le vingt et unième jour de maladie était échu », c'est-à-dire variant de o fr. 6o à 3 francs. Enfin, depuis 1886, les veuves des sociétaires morts de maladie ont obtenu un secours dont la quotité a été plusieurs fois modifiée : il était de 5o francs d'après le règlement en vigueur au 31 décembre 1888.

L'organisation de l'assurance contre la maladie, dans l'Association fraternelle, présente plusieurs défectuosités. D'abord, il n'est tenu aucun compte de l'âge des assurés et des chances annuelles de maladie dans la fixation des cotisations et des indemnités. De plus, la fraude, la simulation ne sont pas combattues par la surveillance intéressée des cosociétaires, comme elles peuvent l'être dans les sociétés locales comprenant un nombre restreint de membres. Les indemnités étant payées par la caisse centrale, les sections, qui ne sont que des intermédiaires pour la recette et la dépense, ne sont pas incitées à un contrôle sévère et à une économie rigoureuse.

Aussi les dépenses n'ont-elles pas tardé à dépasser les recettes annuelles et le fonds de secours s'appauvrit rapidement. Voici le montant de ce fonds à différentes dates :

31 décembre 1883...	99,709^f 90^c	31 décembre 1886...	121,201^f 24^c
31 décembre 1884...	124,622 77	31 décembre 1887...	86,447 26
30 juin 1885.......	128,920 62	31 décembre 1888...	62,329 51
30 juin 1886.......	127,464 46		

Quelques propositions ont été faites tendant à la suppression de la caisse de secours. Elle a été maintenue, pour ne pas créer de difficultés à l'Association dans son instance en reconnaissance comme établissement d'utilité publique, qui lui a été accordée par décret du 12 janvier 1889.

Nous ne pouvons passer sous silence une société de retraites qui mène grand bruit depuis quelques années : c'est la Société des Prévoyants de l'avenir, fondée à Paris le 12 décembre 1880, autorisée par M. le Ministre de l'intérieur et par arrêté de M. le Préfet de police le 23 février 1881, et par arrêté ministériel spécial du 31 octobre 1887.

La société, dit le préambule des statuts, est fondée dans un but essentiellement humanitaire. Elle se propose d'assurer à ses sociétaires, qui lui auront donné leur concours pendant vingt ans, les premières nécessités de la vie. Les conséquences du travail détruisant avec l'âge les facultés et, par conséquent, le gain, elle veut, par l'association, compléter et, au besoin, remplacer le salaire supprimé par la maladie ou les accidents.

Tout le système de la société se résume dans les articles suivants :

Art. 16. Toute personne justifiant de son honorabilité peut entrer dans la société. Pour faire partie de la société, il faut avoir 15 ans accomplis. Les femmes sont admises. Ayant les mêmes devoirs, elles ont les mêmes droits.

Art. 10. Le droit d'admission est fixé à 2 francs. La cotisation est fixée à 1 franc par mois. Elle se paye d'avance.

Art. 19. Tous les sociétaires ayant vingt ans de présence effective dans la société auront droit au partage intégral des intérêts de l'avoir de la société pendant l'année écoulée. Cette répartition aura lieu trimestriellement sur l'inventaire fait au 31 décembre pour l'année suivante.

Art. 20. Les pensions commencent le 1er janvier. Les pensionnaires ne sont pas exempts du payement des cotisations.

Art. 24. Au bout de cinq ans de présence dans la société, tout sociétaire atteint d'une maladie chronique l'empêchant de travailler et de payer ses cotisations peut demander son maintien sur les livres de la société. Au bout de vingt ans de présence, il est placé parmi les pensionnés.

Art. 27. Aucun changement ne pourra être apporté au but et aux articles des présents statuts, ainsi qu'aux articles 10 et 19.

Il est inutile d'ajouter que la cessation du payement des cotisations entraîne la radiation et que les enfants, le conjoint d'un sociétaire décédé n'ont aucun droit aux sommes par lui versées.

«En fondant une caisse de retraite établie sur les bases les plus larges, appelant tous les travailleurs sans exception à créer, si ce n'est pour eux, au moins pour les générations suivantes, une ressource inépuisable, les fondateurs de la Société de retraites : les Prévoyants de l'avenir (préface des statuts)» ressemblent «à l'astrologue qui se laisse tomber dans un puits». Ils paraissent s'être inquiétés, pour eux-mêmes et pour les générations futures, du risque lointain, la vieillesse, et leur prévoyance a passé par-dessus le risque prochain, la mort et l'invalidité prématurées.

Mais c'est à un âge avancé que l'affaiblissement graduel des forces réduit, jusqu'à la détruire, la capacité de travailler, et le «prévoyant de l'avenir», entré dans la Société à 15 ans et admis à 35 ans au partage des intérêts, pourra être alors, quelquefois, un infirme; il ne sera certainement pas un vieillard.

De plus le remplacement du salaire supprimé par la maladie ou les accidents pourrait bien être un leurre. Le travailleur devenu invalide avant cinq ans de participation n'a rien à attendre de la société. S'il franchit ce délai, il devra se nourrir d'espérances en attendant qu'il ait accompli sa vingtième année de présence dans la société.

Telles sont les remarques que peut suggérer la simple lecture des statuts, du préambule et de la préface. Mais de l'article 19 découlent bien d'autres conséquences, pour la mise en lumière desquelles il faut une étude plus approfondie.

Examinons d'abord, comme nous l'avons fait pour l'Association amicale des employés du Ministère des finances, la situation respective de deux prévoyants de l'avenir entrés ensemble dans la Société, l'un à 15 ans, l'autre à 45 ans. Après vingt ans de présence, ils obtiendront tous deux, en vertu de l'article 19, les mêmes dividendes annuels.

D'après le tarif 4 p. 0/0 C. R., en raison de la différence des chances de mort qu'ils auront évitées et des chances de survie sur lesquelles ils pourront compter, la rente viagère du premier à 35 ans devrait être de 24 fr. 09, et celle du second à 65 ans, de 57 fr. 18; les dividendes attribués au vieillard devraient être 2.37 fois plus grands que les dividendes attribués à l'homme en pleine vigueur.

En ce qui concerne la situation respective de deux sociétaire entrés dans la société à différentes époques, les conséquences de l'article 19 ont été magistralement exposées par

M. P. de Lafitte [1], à l'invitation de M. le sénateur H. Maze, directeur de la *Revue des institutions de prévoyance*. Nous nous bornerons à résumer dans le tableau ci-après les résultats établis par l'éminent mathématicien mutualiste :

NOMBRE DES ADHÉSIONS SUPPOSÉES PAR AN.	DIVIDENDES NETS à partir de 1901.			TOTAL DES DIVIDENDES NETS pendant dix ans, à partir		
	1re ANNÉE.	11e ANNÉE.	21e ANNÉE.	de la 1re ANNÉE.	de la 11e ANNÉE.	de la 21e ANNÉE.
	francs.	francs.	francs.	francs.	francs.	francs.
20,000................	2,410	23	14	5,013	170	157
50,000................	4,192	32	14	8,971	192	150

Il a été répondu, dans les publications de la Société, à la savante étude de M. P. de Lafitte, qui a obtenu la haute approbation de M. J. Bertrand, de l'Académie française, secrétaire perpétuel de l'Académie des sciences, en style aussi peu mathématique que violent. Mais des prévoyants de l'avenir eux-mêmes, M. J. Rouget, de Nancy, fondateur de la 446e section, M. Boutteville, président de la 3e section, M. A. Bergeret, de Nancy, établissant leurs calculs sur des hypothèses différentes, ont trouvé depuis des résultats analogues. Bien que les chiffres absolus diffèrent, toutes ces études constatent une prodigieuse disproportion entre les dividendes attribués aux fondateurs et aux adhérents de la première heure, dividendes qui atteindront, la première année, dix fois au minimum et peut-être vingt ou vingt-cinq fois le total des versements, et les maigres résultats, sensiblement inférieurs à ceux qu'ils auraient obtenus à la Caisse des retraites, et absolument insuffisants à « assurer les premières nécessités de la vie », réservés aux futurs adhérents de 1895 ou de 1900.

Pour avoir une idée sommaire, et cependant très nette de cette disproportion, il suffit de jeter un coup d'œil sur les chiffres ci-après :

		Sociétaires.	Capital.
	1882...................	757	6,237f 60c
	1883...................	1,432	20,902 57
	1884...................	3.769	58,498 25
Au 1er janvier	1885...................	8,980	175,715 02
	1886...................	15,008	361,063 99
	1887...................	25,678	673,267 52
	1888...................	47,460	1,266,864 45
	1889...................	74,301	2,188,348 66

Le nombre des partageants de chaque année, à partir du premier partage des intérêts, sera proportionnel à l'effectif de la Société vingt ans auparavant. Pour un partageant de la première année, il y en aura deux la deuxième année, cinq la troisième

<hr>

[1] *Revue des institutions de prévoyance*, novembre 1887, janvier, février et mars 1888.

année..., cent la huitième année. Mais dès que l'article 19 commencera d'être appliqué, le capital ne s'accroîtra plus que des cotisations des sociétaires, suivant une progression infiniment plus lente que la progression du nombre des partageants. Il faudra donc que les parts diminuent. A la vérité, en vertu de l'accroissement continu du capital par le payement des cotisations dont les pensionnaires ne sont pas dispensés, les parts individuelles dans le revenu annuel recommenceront à croître, mais lentement, à partir de 1,920, de manière à atteindre 50 francs vers 1970, et à augmenter chaque année de 1 franc... à moins que la Société des Prévoyants de l'avenir n'ait cessé d'exister ou ne se soit transformée, malgré l'article 27, destiné à maintenir dans son intégrité l'article 19. Les dissensions, en effet, sont vives dans la Société et pourraient bien amener la dissolution ou la réforme.

Nous pensons que, dans une société mutuelle, chacun doit être récompensé selon ses œuvres, en raison des sacrifices qu'il s'est imposés; qu'il faut tenir compte, en outre, des chances qu'il a de mourir et de survivre. Dans la Société des Prévoyants de l'avenir, la part des fondateurs ne dépend pas de l'épargne qu'ils ont réalisée personnellement; elle croît en proportion de l'épargne réalisée par les nouveaux adhérents, toujours plus nombreux, attirés dans la Société par une propagande si active et si ingénieuse qu'elle ressemble à la réclame.

Qu'adviendra-t-il lorsque les sociétaires de la deuxième heure, à qui les statuts promettent le partage du revenu du capital social tel qu'il se comportera à la fin de leur vingtième année de participation, verront leur part descendre au centième du dividende attribué d'abord aux fondateurs? Ne penseront-ils pas qu'ils ont été exploités et dupés? S'ils ne se révoltent pas violemment, comme peut le faire craindre la tournure que prend la discussion dans les assemblées mêmes de la Société, ils seront tout au moins découragés, et l'expérience malheureuse qu'ils auront faite à leurs dépens ne sera pas pour favoriser le développement des idées de prévoyance. N'auraient-ils pas été bien inspirés de porter à la Caisse nationale des retraites pour la vieillesse le produit de leur épargne, et de suivre le conseil par lequel M. P. de Lafitte termine sa remarquable étude sur les «Prévoyants de l'avenir»?

En terminant notre rapport sur la section VI, nous ne pouvons nous empêcher d'exprimer le regret de ne pas voir l'assurance contre la mort prématurée prendre place à côté de l'assurance contre la vieillesse. S'il est nécessaire que le travailleur réduit par l'âge à l'inactivité soit pourvu de ressources qui lui permettent de garder son indépendance et la dignité qui convient à la vieillesse, il est aussi nécessaire que la veuve et l'enfant, privés de l'appui du chef de famille frappé prématurément par la mort, soient préservés de la misère, de la débilité physique qu'elle cause, des mauvais conseils qu'elle donne et de la haine qu'elle met au cœur de ses victimes.

31 mars 1891.

L. FONTAINE.

www.ingramcontent.com/pod-product-compliance
Lightning Source LLC
LaVergne TN
LVHW020215030726
842520LV00003B/1090